ልዩ እትም
Special Edition

በማስተማር ሂደት ውስጥ የተባበሩትን ድርጅቶች ከልብ
አመስግናለሁ እነሱም

መድኃኒዓለም የኢትዮጵያ አርቶዶክስ ተዋህዶ ቤተ ክርስቲያን
**Ethiopian Orthodox Tewahedo Our Savior Church
at Riverside, NY**

ቅድስት ሥላሴ የኢትዮጵያ አርቶዶክስ ተዋህዶ ቤተ ክርስቲያን
**Holy Trinity Ethiopian Orthodox Tewahedo
church Bronx, NY**

ጽዮን ቅድስት ማርያም የኢትዮጵያ አርቶዶክስ ተዋህዶ ቤተ ክርስቲያን
**St. Mary of Zion Ethiopian Orthodox Tewahedo
church Yonkers, NY**

አዋቂ የአማርኛ ትምህርት ተሳታፊዎች
(Amharic class participant NY, NY)

*I appreciate all churches, colleges and students that have
been in my class over the years. I have learned from all of
you. I thank you all.*

ምስጋና!

ዶ/ር   ርብቃ ማሞ

ዶ/ር   ያሬድ ተካበ

ዶ/ር   ፍቅሬ ቶሎሳ

አቶ   ዮናስ አሰፋ

ልጆች እንዳስተምር ትልቅ ትብብር ያደረጉ የትምህርትና ድርጅት ሃላፊዎች

ዶ/ር   ጉዌን ሊ ሳይክ

ዶ/ር   አንጀላ ሃይክ

አቶ   ኩዌክ ይ

ያለፈቃድ አሳትሞ ገበያ ላይ ማዋል በህግ ያስጠይቃል!

Many thanks for their assistance, supporting the idea and in editing the very first edition of this book.

   Rebecca Mammo MD. MPh
   Yared Tekabe Ph.D.
   Mr. Yonas Assefa
   Fikere Tolosa, Ph.D.

I appreciate for providing space, allowing me to introduce and teach the Amharic language to children in Berkeley, Piedmont and Oakland, California.

   Gwen Rowe-lee Sykes Ph.D.
   Angela Haik Ph.D.
   Mr. Kwock Yee

E-mail: Lakech_One@yahoo.com

Ordering Information:

For orders and inquiries, please contact:
1-888-404-1388
www.goldtouchpress.com
book.orders@goldtouchpress.com

Printed in the United States of America

ማሳሰቢያ

ይህ የአማርኛ መማሪያ መጽሐፍ የተዘጋጀው በውጪ ሃገር ላሉ ኢትዮጵያውያን ቤተሶችና እንዲሁም ቋንቋውን ለመማር ለሚፈልጉ ሁሉ ነው ::

በተለይ ጥንታዊ የሆነው የኢትዮጵያ ታሪክ ና ስልጣኔ ለማወቅ በየአድባራቱ ተከማችተው ያሉትን ጥንታዊ መጻሕፍትን ለመራመር ለሚሹ ሁሉ ጥሩ መነሻ ነው::

በመሆኑም የመጀመሪያ Laqech-One) እትም በሥራ ላይ በዋለበት ጊዜ በተገኘው ልምድና አስተያየት ታርሞ ቋንቋውን በማዳበር ተዘጋጅቶ የቀረበ መጽሐፍ ነው::

ከዚህ ጋር ተከታይ ላቆች ሁለትና ሶሥት መጽሐፍት ይገኛሉ፤

Laqech-Two and Laqech-Three also available:

ተግባራቱም

ላቆች አንድ(Laqech- One)

ፊደል፤ቃላትን፤አነባብን አጻጻፍን ያስተዋውቃል

Introduces Fidel, writing, words and reading.

ላቆች ሁለት (Laqech-Two)

ቃላትንና ጽሑፍን ያጠናክራል ያስተምራል

Teaches writing and building vocabulary.

ላቆች ሦሥት (Laqech-Three)

ጽሑፍና ንባብን ያጠናክራል ያስተምራል

Teaches writing and reading.

ሰው ያለውን ካካፈለ ንፉግ አይባልም ከታሪክ ወቀሳ ለመዳን የተደረገ ጥረት ነውና በዚህ ሒደት አብረን እንጓዋዝ ::

አዘጋጂና ጸሐፊ

ዘውዲቱ ፍስሐ

መግቢያ

ላቀች አንድ Laqech-one ከተወልደበት እ. እ. አቆጣጠር ታህሳስ (December 2000) ጀምሮ ብዙ ኮፒ ተዘጋጅቶ ለአስተያየት ተበትኖ በተገኘው የገንቢ ሃሳብ በመመርኮዝ እንዲሁም ላለፉት ተከታታይ ዓመታት አማርኛ በማስተማር በተገኘው ልምድ ና አስተያየት ጋር በማገናዘብ ለሁለተኛ ጊዜ ታርሞና ተጨማሪ ዝርዝር በመያዝ በተጠናከረ ሁኔታ የቀረበ ነው።

(Laqech-one) የመንደርደሪያ ቃላት አማርኛ መማሪያ መጽሐፍ ዋና ዓላማ ቋንቋ የባህል መሰረት እንደ መሆኑ ሁሉ ከባህላቸው ና ከቋንቋቸው ለተራራቁ እንዲሁም ከኢትዮጵያ ውጪ ለተወለዱ ኢትዮጵያውያን ወጣቶች፤በጋብቻ፤ በሥራ፤በማደን ፤በተለያየ ምክንያት አማርኛ ለማወቅ፤ምርምር ለፈለጉ ሁሉ እንዲያገለግል የተዘጋጀ ነው ፡፡

ላቀች አንድ (Laqech-One) የአማርኛ መማሪያ መጽሐፍ የሚጀምረው ቀን በቀን የምንጠቀምባትን ነገሮችን በመያዝ መሰረታዊ የአማርኛ አነጋገር ዘይቤ በማካተት ቋንቋውን ለመማር እንዲያመች ፊደልን በማስለየት ፤ቃልትን በሥዕል፤ ቃላትን ከእንግሊዘኛ አናባቢ ጋር ከነ ትርጉሙ፤ በማስደግፍ የቤት ቁሳቁስ፤የዱር አራዊት፤ የቤት እንስሳትን፤ በከተማ በገጠር፤የሰውነት ክፍሎች፤ የምግብ ዓይነቶችን ፤መሰረታዊ አማርኛ ቁጥሮችን በመያዝ ለጀማሪ ተማሪዎች በቀላል ዘዴ በማለማመድ ቋንቋን ለመማርና ለማወቅ እንዲረዳ የተዘጋጀ መጽሐፍ ነው።

ያስታውሱ Please Note

ይወቁት
Notes

ይህ መጽሐፍ የተዘጋጀው ካለ አስተማሪ እራስን በራስ ለመርዳት እንዲያስችል በመሆኑ ዕውቀትን ለመለካት መለማመጃውን በመሥራት በዚህ መጽሐፍ መጨረሻ ገጽ ላይ በማመሳከር ደረጃን መለካት ያስችላል።

Prepared for self-teaching with answers in the book also helpful for those to understand their level of Amharic.

ተጨማሪ
Additional

ይህ የመንደርደሪያ ቃላት አማርኛ መማሪያ መጽሐፍ አማርኛም ሆነ እንግሊዘኛ ለመማር ለሚፈልጉ ሁሉ ጠቃሚ መሳሪያ ነው።

Laqech One Amharic script book is a useful tool for both Amharic and English speakers

Introduction

In this activity book you will find most of the Amharic key words which will help you learn and read Amharic (the official language of Ethiopia). Laqech One Book is helpful for reading and speaking this language. Many of the exercises are inspired by the kind of games used to teach children to read their own languages: matching game, memory games, joining exercises, and etcetera.

For those who are interested in learning the language, it is a friendly introduction to reading and writing Amharic. There is a section to review all your new words and the Answers to all the activities to check yourself.

This Laqech-One book is a flexible fun way of reading your first words in Amharic. It should give you a head start whether you are learning at home, privately or in a group.

Script Part

The purpose of this part of the text is to introduce you to the Amharic script and how it is formed. You should not try to memorize the alphabet or to write the letters yourself. Instead, study the words in each topic, look back at the Amharic letters and understand the meaning of the words. Remember, though, that recognizing the whole shape of the word in an unfamiliar script is just as important as knowing how it is made up. Using these methods, you will have a much more instinctive recall of vocabulary and will gain the confidence to expand your knowledge.

The Amharic Script is not nearly as difficult as it might seem at first glance. The Amharic alphabets originally came from Ge-ez a language, which the Ethiopian Orthodox Church has been using for centuries up to the present day.

The Alphabet and Syllables

There are 231 letters in the Amharic alphabet. Importantly, try understanding the principles of how the alphabet works and then use the charts as you work through the book.

Unlike English, Amharic words are generally spelled as they sound, although there are some exceptions to this rule. There are no capital or lower-case letters. The letters making up each syllable are written together to form a sound or meaning.

A syllable consists of alphabets:

1	ሀ	ha	ሁ	hu
2	ለ	le	ሉ	lu
3	መ	me	ሙ	mu
4	ሰ	se	ሱ	su
5	ሸ	she	ሹ	shu

Pronunciation and Reading

Sometimes an alphabet can repeat itself to create words,
<u>Example:</u>

1   እማማ/emama

2   አባባ/ ababa

3   አበባ/ abeba

4   ቱቱ/   tutu

5   ኩኩ/   kuku

6   ዲዳ / dida

<u>Here the letters:</u>

1 ma-ma
2 ba-ba
3 ku-ku
4 di-da   creates a word.

Exactly how each combination of letters is written in a
syllable side, within each other, etc. is determined by the
shape of the letters? A feeling for this will develop as you
become more familiar with the script.

X

Furthermore, some Amharic letters have unique alphabets which (phonetically) sound the same but distinct from each other in script. Of the 231 alphabets there are 194 letters used in daily spoken language whereas they remain letters used in advanced Amharic literature.

Those alphabets are:

Different look but has the same sound.

ሀሃ-ሐሓ-ኀ-ኻ	ሰ ሠ	ዐ-ዓ-አ	ፀፅ
ha	se	aa	tse

There is no exact English sound for the following alphabets:

ቀ	ኸ	ጠ	ጨ	ጸ	ጰ
qe	heh	teh	cheh	tse	peh

One must practice with an instructor to learn the unique way these sounds are pronounced.

   *   We use about 194 alphabets

   *   Letters making up syllables are written together in order

Making Words

Some Amharic words are made up of three or more syllables:

1 ላም/lam-cow
2 በር/berr-door (open)
3 ጋራ/gara-hill
4 ጀርባ/jerba-back
5 ባቡር/babur-train

6 አንበሳ/anbesa-lion
7 ጣት/taht-finger
8 ጎጆ/gojo/small house-shack
9 መዘጊያ/mezegiya-door (closed)
10 መውጫ/mewecha-exit

Pronunciation and Reading

To understand the Amharic alphabet, the exercises have simplified some aspects of the pronunciation to emphasize the basics.

Some Amharic sounds are like their English equivalents, but others need special attention. The same letters can also be pronounced in a slightly different way depending on their position in a syllable, and this is reflected in the pronunciation given for the individual words.

<u>Here are some to note:</u>

1. ሻይ- shay/tea
2. ዕቃ- ehqa/thing or Goods
3. ና- na/comes here.
4. ክንድ-kened/arm
5. ያ-ya/over there or that
6. ጸሎት-tselot/prayer

Things to remember:

*   Amharic words are pronounced with more emphasis.

*   Many Amharic sounds are not familiar to the English speaker.

*   There are no capital letters in Amharic Words.

ፊደል/Fidel

ተራ/row	1	2	3	4	5	6	7
ሀ/1	ሀ	ሁ	ሂ	ሃ	ሄ	ህ	ሆ
	ha	hu	hi	haa	hey	h	ho
ለ/2	ለ	ሉ	ሊ	ላ	ሌ	ል	ሎ
	le	lu	li	la	ley	l	lo
ሐ/3	ሐ	ሑ	ሒ	ሓ	ሔ	ሕ	ሖ
	ha	hu	hi	haa	hey	h	ho
መ/4	መ	ሙ	ሚ	ማ	ሜ	ም	ሞ
	meh	mu	mi	ma	mey	m	mo
ሠ/5	ሠ	ሡ	ሢ	ሣ	ሤ	ሥ	ሦ
	se	su	si	sa	sey	s	so
ረ/6	ረ	ሩ	ሪ	ራ	ሬ	ር	ሮ
	re	ru	ri	ra	rey	r	ro
ሰ/7	ሰ	ሱ	ሲ	ሳ	ሴ	ስ	ሶ
	se	su	si	sa	sey	s	so
ሸ/8	ሸ	ሹ	ሺ	ሻ	ሼ	ሽ	ሾ
	she	shu	shi	sha	shey	sh	sho
ቀ/9	ቀ	ቁ	ቂ	ቃ	ቄ	ቅ	ቆ
	qe	qu	qi	qa	qey	q	qo
በ/10	በ	ቡ	ቢ	ባ	ቤ	ብ	ቦ
	be	bu	bi	ba	bey	b	bo
ተ/11	ተ	ቱ	ቲ	ታ	ቴ	ት	ቶ
	te	tu	ti	ta	tey	t	to

ፊደል/Fidel

ተራ/row	1	2	3	4	5	6	7
፲፪ /12	ቸ	ቹ	ቺ	ቻ	ቼ	ች	ቾ
	che	chu	chi	cha	chey	ch	cho
፲፫ /13	ሀ	ሁ	ሂ	ሃ	ሄ	ህ	ሆ
	ha	hu	hi	ha	hey	h	ho
፲፬ /14	ነ	ኑ	ኒ	ና	ኔ	ን	ኖ
	ne	nu	ni	na	ney	n	no
፲፭ /15	ኘ	ኙ	ኚ	ኛ	ኜ	ኝ	ኞ
	gne	gnu	gni	gna	gney	gn	gno
፲፮ /16	አ	ኡ	ኢ	ኣ	ኤ	እ	ኦ
	aa	au	ai	aa	aey	a	ao
፲፯ /17	ከ	ኩ	ኪ	ካ	ኬ	ክ	ኮ
	ke	ku	ki	ka	key	k	ko
፲፰ /18	ኸ	ኹ	ኺ	ኻ	ኼ	ኽ	ኾ
	heh	huh	hih	hah	heyh	heeh	hoh
፲፱/19	ወ	ዉ	ዊ	ዋ	ዌ	ው	ዎ
	whe	wu	wi	wa	wey	w	wo
፳/20	ዐ	ዑ	ዒ	ዓ	ዔ	ዕ	ዖ
	aa	au	ai	aaa	aey	a	ao
፳፩/21	ዘ	ዙ	ዚ	ዛ	ዜ	ዝ	ዞ
	ze	zu	zi	za	zey	z	zo
፳፪/22	ዠ	ዡ	ዢ	ዣ	ዤ	ዥ	ዦ
	zje	zju	zji	zja	zjey	zj	zjo

ፊደል/Fidel

ተራ/row	1	2	3	4	5	6	7
እገ/23	የ	ዩ	ዪ	ያ	ዬ	ይ	ዮ
	ye	yu	yi	ya	yey	y	yo
እበ/24	ደ	ዱ	ዲ	ዳ	ዴ	ድ	ዶ
	de	du	di	da	dey	d	do
እረ/25	ጀ	ጁ	ጂ	ጃ	ጄ	ጅ	ጆ
	je	ju	ji	ja	jey	j	jo
እገ/26	ገ	ጉ	ጊ	ጋ	ጌ	ግ	ጎ
	ge	gu	gi	ga	gey	geh	go
እጊ/27	ጠ	ጡ	ጢ	ጣ	ጤ	ጥ	ጦ
	teh	tuh	tih	tah	tey	teeh	toh
እገ/28	ጨ	ጩ	ጪ	ጫ	ጬ	ጭ	ጮ
	cheh	chuh	chih	chah	chehy	cheeh	choh
እሀ/29	ጰ	ጱ	ጲ	ጳ	ጴ	ጵ	ጶ
	peh	puh	pih	pah	pehy	peeh	poh
ጽ/30	ጸ	ጹ	ጺ	ጻ	ጼ	ጽ	ጾ
	tse	tsu	tsi	tsa	tsey	tseh	tso
ጽረ/31	ፀ	ፁ	ፂ	ፃ	ፄ	ፅ	ፆ
	tse	tsu	tsi	tsa	tsey	tseh	tso
ጽፀ/32	ፈ	ፉ	ፊ	ፋ	ፌ	ፍ	ፎ
	fe	fu	fi	fa	fey	f	fo
ጽፐ/33	ፐ	ፑ	ፒ	ፓ	ፔ	ፕ	ፖ
	pe	pu	pi	pa	pey	peh	po

Furthermore, some Amharic letters have unique alphabets which (phonetically) sound the same but distinct from each other in script. Of the 231 alphabets there are 194 letters used in daily spoken language whereas they remain letters used in advanced Amharic literature.

Those alphabets are:

Different look but has the same sound.

ሀሃ-ሐሓ-ኀ-ኃ	ሰ ሠ	ዐ-ዓ-አ	ፀጸ
ha	se	aa	tse

There is no exact English sound for the following alphabets:

ቐ	ኸ	ጠ	ቸ	ጸ	ጰ
qe	heh	teh	cheh	tse	peh

One must practice with an instructor to learn the unique way these sounds are pronounced.

- *   We use about 194 alphabets
- *   Letters making up syllables are written together in order

ማውጫ/Mawcha-**Table of contents**

ክፍል ፩
Part One

<u># ክፍል አንድ Part one</u>

<u>Around city-በከተማ</u>

Look at the pictures of things you might see around City!

1. ምግብ ቤት/megeb bet- Restaurant

መሶብ ወርቅ/Mesob worq-Dining basket

Cont….. around City

2. ሱቅ/suq-shop

3. መንገድ/meneged road

Cont... around the city

4   ትምህርት ቤት/Temhret bet- School.

5.ታክሲ/ taxi -taxi

Cont... around the city

6,   ባቡር/babur-train

7. ሆቴል/hotel-hotel

Cont.… around the city

8. አውቶቡስ/autobus-bus

9. መኪና/mekina-car

Cont… around the city

10. ትልቅ ቤት/teleq bet- big house

11.ሲኒማ ቤት/ cinema bet - Movie Theater (house)

cont…. around the city

12. ብስክሌት/beskelet- bicycle

13. መጠጥ ቤት/metet bet-bar

Match the Amharic script to the Amharic pronunciations.

1. ቤት	1. autobus/bus
2. አውቶቡስ	2. megeb bet/restaurant.
3. ባቡር	3. bet/house.
4. ምግብ ቤት	4. Babur/train
5. ብስክሌት	5. besklet/bicycle
6. ሱቅ	6. taxi/taxi
7. ታክሲ	7. suq/shop
8. ሲኒማ ቤት	8. hotel/hotel
9. መንገድ	9. temhert bet/school
10. ትምህርት ቤት	10. meneged/road
11. መኪና	11. cinima bet/movie house
12. ሆቴል	12. mekina/car
13. ጋቢና	13. Mekina/aqomia/parking
14. ጎማ	14. gabina (driver's seat)
15. መኪና ማቆሚያ	15. goma/tire

Match the Amharic script to the Amharic pronunciations.

1. Posta bet/post office

2. ሱቅ

3. metet bet/bar

4. meneged/road

5. መኪና

6. bet/house

7. cinima bet /movie house

8. ሻይ ቤት

9. buna bet/coffee house

10. ዳቦ ቤት

11. metatebiya bet/bathroom

12. fredbet/court

1. መጠጥ ቤት

2. ፖስታ ቤት

3. Suq/shop

4. Mekina/car

5. ቤት

6. መንገድ

7. ቡና ቤት

8. ሲኒማ ቤት

9. shaybet/teahouse-room

10. መታጠቢያ ቤት

11. ፍርድ ቤት

12. dabo bet/bakery.

Choose the Amharic word that matches the picture.

1.

መልስ/mels-answer_____

   1-1. ቤት/bet   1-2. ሲኒማ ቤት/Cinema bet   1-3. መንገድ/meneged

xxxxxxxxxxxxxxxxxxxxxxxxxxxxxxxxxxxxxxxxxxxxxxxxxxxxxxxxxxxxxxxxxxxxxzzzzzzzzzzzzzzzzzz

2.

መለስ/mels-answer_____

         2-1. መንገድ/eneged   2-2. ሱቅ/suq   2-3. ባቡር/babur

cont….. match the picture.

3.

መልስ/mels-answer_____

3-1. ሲኒማ ቤት/cinima bet   3-2. መንገድ/meneged   3-3. ባቡር/babur

4.

መልስ/mels-answer_____

4-1. ሱቅ/suq   4-2. ትምህርት ቤት/Temhert bet   4-3. ትልቅ ቤት/teleq bet cont..... matches the picture.

5.

መልስ/mels-answer_____

 5-1. መኪና/mekina   5-2. ባቡር/Babur 5-3. አውቶቡስ/autobus

xxxxxxxxxxxxxxxxxxxxxxxxxxxxxxxxxxxxxxxxxxxxxxxxxxxxxxxxxxxxxxxxxxxxxxxxxxxxxxxxxxx

6.

መልስ/mels-answer___

 6-1. ትምህርት ቤት/temhert bet   6-2. ሲኒማ ቤት/cinema bet   6-3. ቤት/bet

Look at the signs and their meanings.

1. ትምህርት ቤት አካባቢ/temhert bet akababi-school zone.

2. አውቶቡስ መጠበቂያ/autobus metehbeqiya-bus stop

3. የባቡር መስመር/yebabur mesmer-trainline/track

Cont..... their meanings.

4. ሆቴል/Hotel-hotel

5. የመኪናመንገድ/yemekina meneged-car road

Match each number to the correct picture.

1. ትምህርት ቤት አካባቢ /temhert bet akababiy
2. አውቶቡስ ማቆሚያ /autobus maqomiya
3. ሆቴል/hotel
4. ባቡር መስመር / babur- mesmer
5   መኪና መንገድ/mekina meneged
6   ምግብ ቤት/ megeb bet.

a.   bus stop

_____

b. school zone

_____

c.   hotel

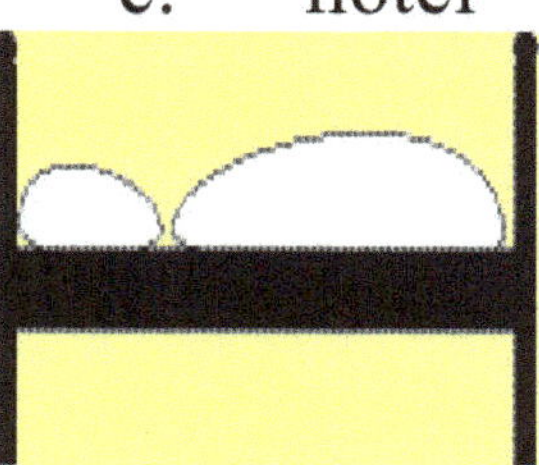

_____

d. restaurant

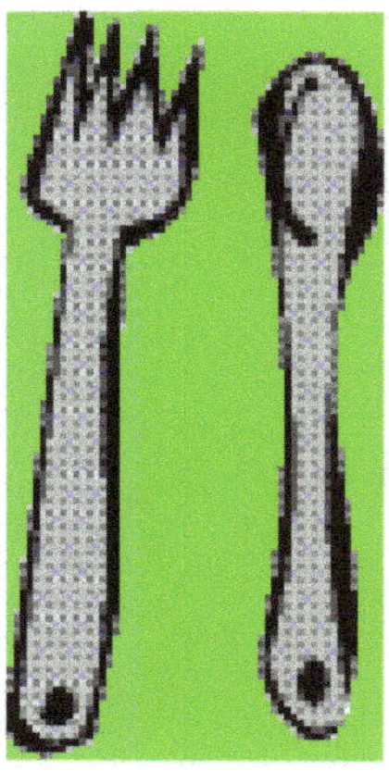

_____

e. car road

_____

f.   train

_____

Look at the picture of things you might see around City

1. ምግብ ቤት/megeb bet - restaurant

መሶብ ወርቅ/**meson woeq**-dining basket

Cont….. might see around City.

2. ሱቅ/suq/shop

ሽቀጣ ሽቀጥ/sheqe sheqet - commodity

3. የግር መንገድ/ye eger meneged- walking road

Cont..... might see around City.

4. ትምህርት ቤት/temhert bet.

5. ባቡር/babur

Cont..... might see around City.

6. መኪና/mekina-car

7. የመንገድ መብራት/yemenged meberat-street light

Match each Word to correct Picture.

1. ምግብ ቤት/megeb bet

a

2. ቤት/ bet

b

3. ሲኒማ ቤት/cinima bet

c

4. አውቶቡስ/autobus

d

5. ሱቅ/suq

e

Choose the Amharic Word that matches the picture.

1. -------

a. መንገድ/menged   b. ትምህርት ቤትtemhert bet   c.   ሱቅ/suq

xxxxxxxxxxxxxxxxxxxxxxxxxxxxxxxxxxxxxxxxxxxxxxxxxxxxxxxxxxxxxxxxxxxxxxxxxxxxxxxx

2.---------

a ትምህርት ቤት/temhert bet   b. ባቡር/babur   c. መንገድmenged

xxxxxxxxxxxxxxxxxxxxxxxxxxxxxxxxxxxxxxxxxxxxxxxxxxxxxxxxxxxxxxxxxxxxxxxxxxxxxxxx

3_______

a. ትምህርት ቤት temhert bet   b. መንገድ/meneged   c. ሲኔማ ቤትcinima bet

Cont….. matches the picture.

4_______

  a ሲኔማ ቤት/cinima bet   b. ቤት /bet   c. ትምህርት ቤት/temhert bet

5._______

  a ሲኔማ ቤት/cinima bet   b. ቤት /bet   c. ትምህርት ቤት/temhert bet

ድብልቅ ቃል መማር
Learn Mixed Words
Look at the Amharic words and their English meanings and how to pronounce them.

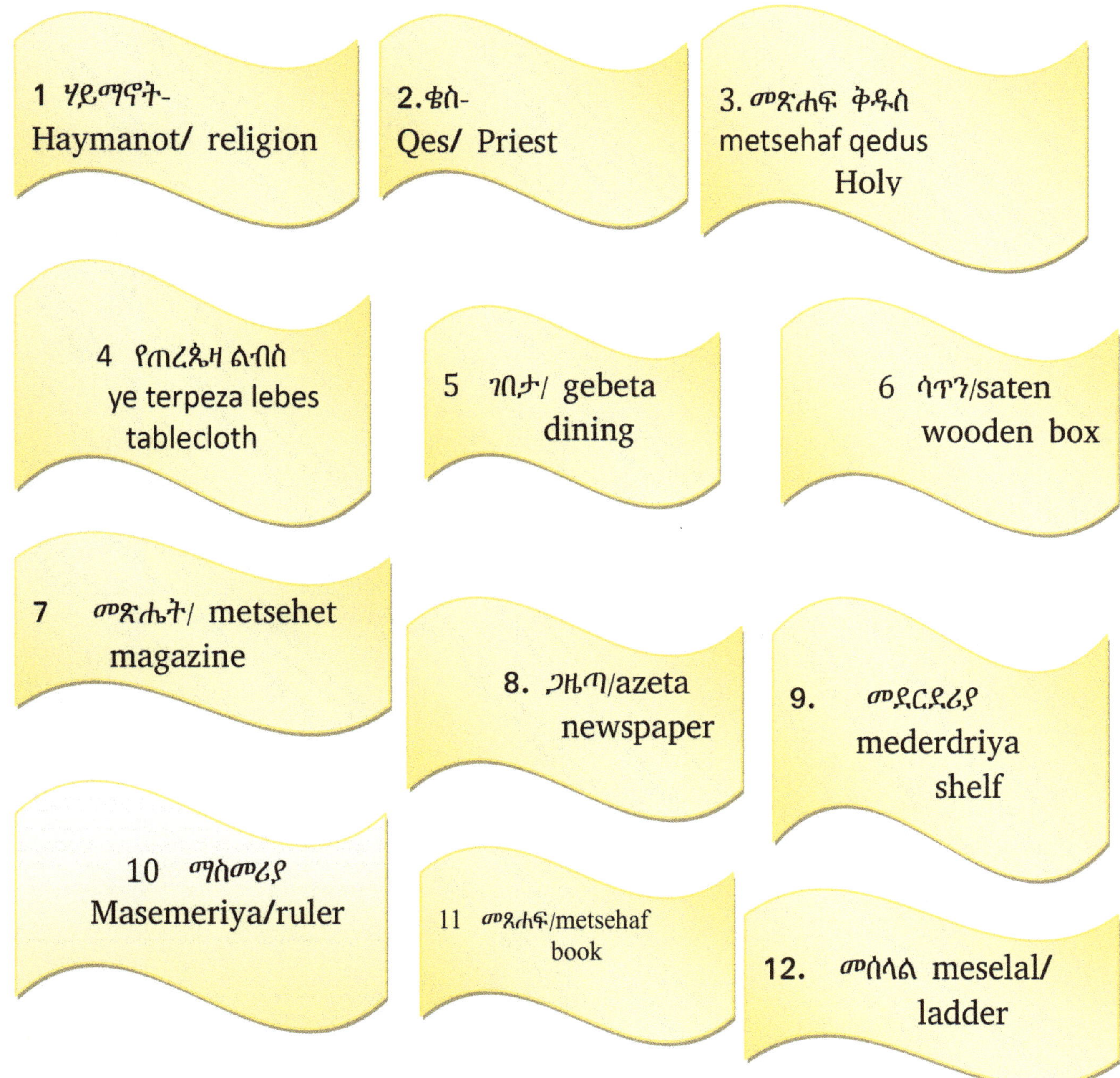

ድብልቅ ቃል መማር

Learn Mixed Words

Look to the Amharic words to English meaning and their pronunciation.

1 ሺኸ/sheke teacher/leader prayer leader muslim religion	**2** ኢማም Emam/asegaj muslim religion	**3** መስጊድ/mesgid worshipPlace	**4** ገነት/genet paradise
5 ቅጣጫ/ aqetacha direction	**6** መናፈሻ/menafesha park	**7** ገሃነም/ gehanem hell	**8** አጋንንት/aganent evil spirit
9 ገበያ/gebeya marketplace	**10** ምስራቅ/meseraq east	**11** ምዕራብ/merab west	**12** ሰሜን/semen north
13 ደቡብ/debub south	**14** ቀኝ/qegn righ	**15** ግራ/gera left	**16** ወደፊት wodefit forward
17 ወደኋላ/wedhula backward	**18** ቀጥታ qeteta straight	**19** ቁልቁል/qulqul downward	**20** አቀበት/aqebet upward

Match the mixed Amharic Words to English meanings.

1. ሃይማኖት/haimanot	1. priest
2. ሼክ/shek	2. prayer place
3. መስጊድ/mesgid	3. muslim teacher
4. ኢማም/emam	4. religion
5. ቄስ/qes	5. head of prayer place
6. መጽሐፍ ቅዱስ/mestehaf qedus	6. newspaper
7. ጋዜጣ/gazeta	7. Bible/holy book
8. መጽሔት/metsehet	8. Book
9. መጽሐፍ/metsehaf	9. magazine
10. መደርደሪያ/mederderiya	10. tablecloth
11. ማስመሪያ/masemeriya	11. shelf
12. የጠረጴዛ ልብስ/yeterpeza lebes	12. ruler
13. ወደዃላ/wedhula	13. upward
14. አቀበት/aqebet/	14. forward
15. ቁጥታ/qeteta	15. backward
16. ወደፊት/wodefit	16. straight
17. ግራ/gera	17. park
18. አቅጣቻ/aqetacha	18. right
19. ቀኝ/qegn	19. left
20. መናፈሻ/menafesha	20. direction

Match the Amharic words to English words.

1.	አውራ ጎዳና/aewra godana	1. shack/hut
2.	ጎጆ ቤት/gojo bet	2. highway
3.	ትልቅ ቤት/ telq bet	3. food
4.	ተማሪ/temari	4. big house
5.	ምግብ /megeb	5. market
6.	ገበያ/gebeya	6. student
7.	ሽቀጥ /sheqeteh	7. truck
8.	የጭነት መኪና/yechenet mekina	8. a hall
9.	ህዝብ ትራንስፖርት/hzeb transport	9. commodity
10.	አዳራሽ/adarash	10. traffic light
11.	አጥር/atehr	11. public transportation
12.	የትራፊክ መብራት /ye trafic mebrat	12. fence
13.	የግር መንገድ/ye eger menged	13. street shop
14.	መስቀለኛ መንገድ/mesqelnga menged	14. bakery
15.	ዳቦ ቤት/dabo bet	15. Sidewalk
16.	ሱቅ በደረቴ/suq bederetie	16. crossroad

በገጠር/be Geter(Country Side)

Look at the pictures of things you might find in countryside.

1. ተራራ/terara=mountain

2. ኮረብታ/korebeta=hill

Cont…..in countryside.

3. ድልድይ/deldey=bridge

4. ሜዳ/meda=field

በገጠር/be Geter (Countryside)

Cont…. countryside.

5. ወንዝ/wenz=river

6.   ሃይቅ/hayq=lake

Cont…..in countryside.

7. አበባ/abeba=flower

8. ፀሐይ/tsehay=sun

Cont…..in countryside.

9. ጫካ/chaka=forest

11. ምድረበዳ/mdrebeda=desert

Cont.….in countryside.
11. ዛፍ/zaf=tree

12. እርሻ/ersha=farm

Find out how much you know by joining the Amharic words with their English meaning and pronunciation (as in the example, below):

ምሳሌ/mesale- ex. ሃይቅ/hayq--------lake

1. ተራራ	1. meda/field
2. ሜዳ	2. terara/mountain
3. አበባ	3. baher/sea
4. ባህር	4. abeba/flower
5. ወንዝ	5. ersha/farm
6. ምድረበዳ	6. wenz/river
7. አርሻ	7. mderebeda/desert
8. ፀሐይ	8. korpeta/hill
9. ኮረፕታ	9. deledy/bridge
10. ድልድይ	10. tsehay/sun

Match all the words to the pictures.

1. ምድረ በዳ/mdrebeda

a-desert

2. ሃይቅ/hayq

b-lake

3. እርሻ/ersha

c-farm

4. አበባ/abeba

d-mountain

5. ባህር/baher

e-flower

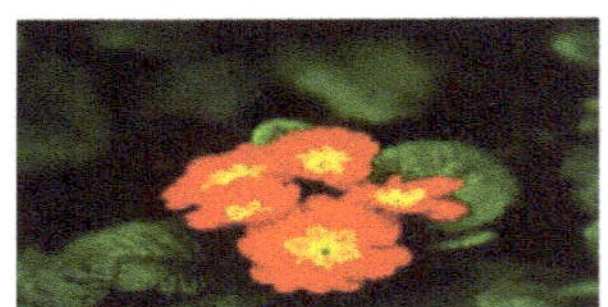

6. ተራራ/terara

f-sea

Match all the words to the pictures.

7   ወንዝ/wenz

8   ሜዳ/meda

9   ዛፍ/ zaf

10.   ሜዳ/meda

11.   ጫካ//Chaka

12.   ድልድይ/deldey

g. hill

h-river

j-tree

k. bridge

I-forest

L. field

Look at the pictures and their meanings.

1.ከብቶች/kebtoch=farm animals

2. ደን/den=forest

Cont...their meanings.

3. *መንደር*/mender=small village

4. *ዳገት*/daget=hill

Cont…their meanings.

5. ቀበሮ/qebero-fox

6. ንብ/neb= bee

Cont...their meanings.

7. ጋራ/gara- mountain

8. እንሰት/enset=fouls banana tree

Note: Enset is a main food in south, and south west of Ethiopia. It is also known by the name of qocho. Enset produces. Qocho is favored by the Ethiopians as a delicacy.

Cont...their meanings.

9. ሽንኩራ አገዳ shenkora ageda-sugar cane

10. መቃ/meqa-bamboo

Check the features in the Landscape and see how many words you can find.

1. ፀሐይ/tsehay-sun

2. ጫካ/chaka-forest

3 ተራራ/terara-mountain

4. ሜዳ/meda-field

5 ድልድይ/deldy-bridge

6. አበባ/abeba-flower

7 ወንዝ/ wenz-river

8. ዛፍ/zaf-tree

9 እርሻ/ ersha-farm

10. መንገድ/menged-road

11. ኮረብታ/korebeta-hill

12. ከብቶች/kebtoch-farm animals

Match and connect the Amharic Word to its Pronunciation.

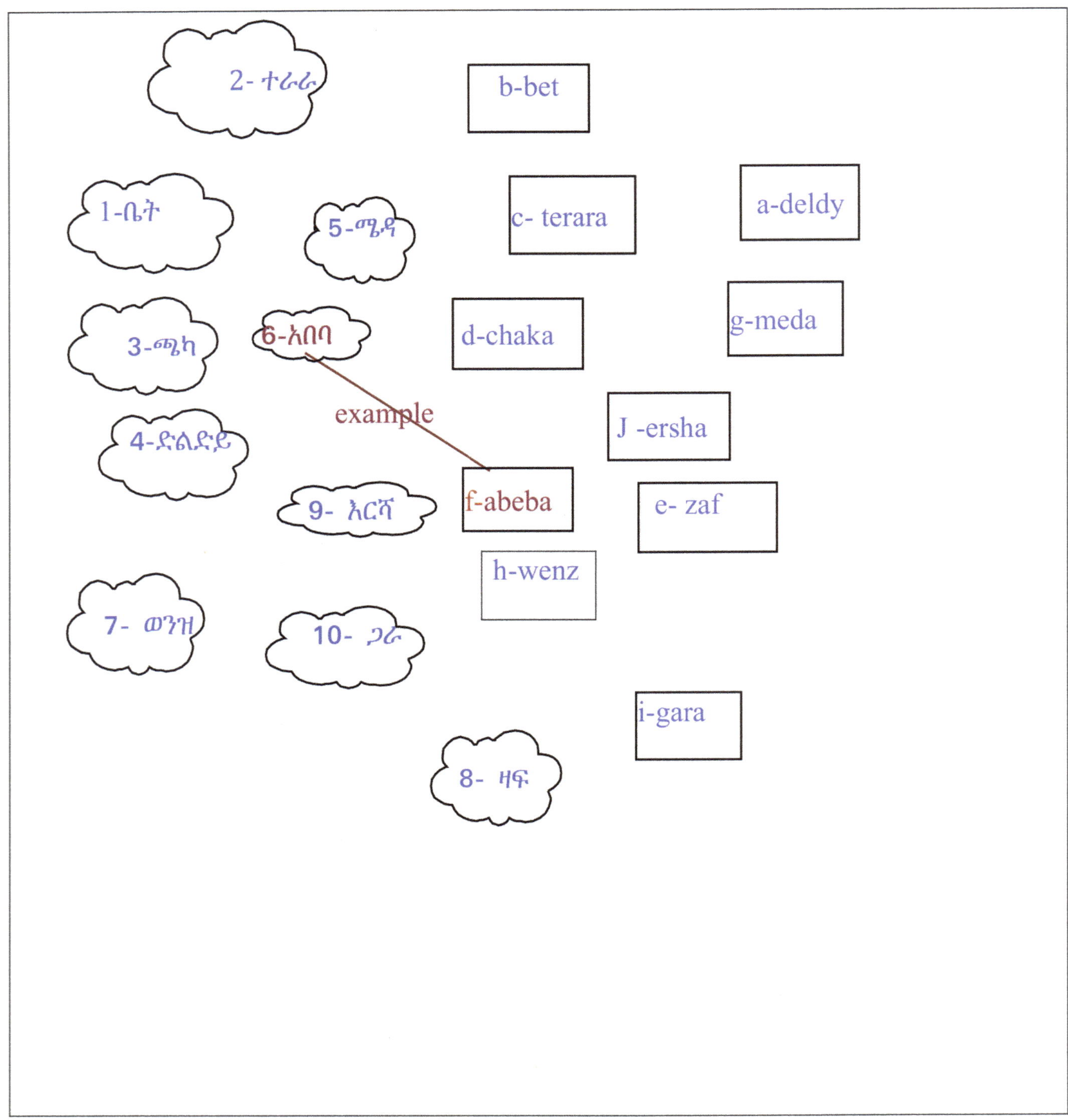

Match the Amharic Words and their Pronunciation.

1	ዛፍ		1	tsehay
2	ጫካ		2.	ersha
3	ድልድይ		3.	bet
4	ወንዝ		4.	kebtoch
5	እርሻ		5.	zaf
6	አበባ		6.	deldy
7	ፀሐይ		7.	chaka
8	ቤት		8.	terara
9	ከብቶች		9.	wenz
10	የርሻ መኪና		10.	abeba
11	ሜዳ		11.	yresha mekina
12	ተራራ		12.	meda
13	ንብ		13.	qebro
14	መንደር		14.	den
15	ቀብሮ		15.	neb
16	ደን		16.	mender

Find these Amharic Words in the word square.

The words can run left to right or top to bottom.

1. ጫኬካ	2. ዛፍ
3. ወንዝ	4. ድልድይ
5. አበባ	6. ቤት
7. ሜዳ	8. ንብ
9. ቀበሮ	10. መንደር

	1	2	3	4	5	6	7	8
1	ው	ወ	ን	ዝ	አ	በ	ባ	ጬ
2	ድ	ል	ድ	ይ	በ	ዛ	ፍ	ካ
3	ጬ	ካ	ሜ	ዳ	ን	ቀ	መ	አ
4	ዛ	ቤ	ት	ን	ብ	በ	ን	ጬ
5	ፍ	ቀ	በ	ሮ	መ	ሮ	ደ	ለ
6	ወ	ዛ	ላ	ጠ	ጣ	ዜ	ር	ማ
7	ድ	ሬ	ሜ	ዳ	ፈ	ደ	ፍ	ር
8	ር	ቤ	ት	መ	ን	ደ	ር	ዋ

Learn new words.

Look at the pictures and their meanings and pronunciation.

1.ውሃ/weha-water

2.ብርጭቆ/berchiqo-glass

Cont...... meanings and pronunciation.

3   ሲኒ/sini-cup

4. ሹካ/shuka- fork

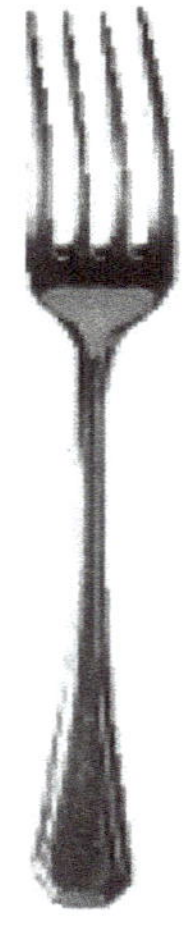

Cont...... meanings and pronunciation.

5. ማንኪያ/mankiya-spoon

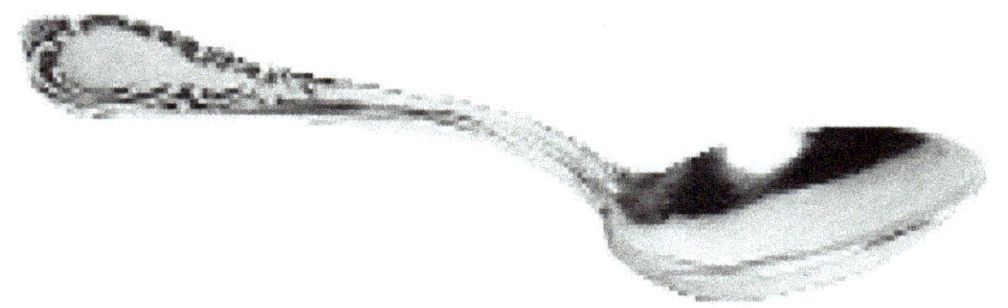

6. ሳህን/sahen-plate

Cont…… meanings and pronunciation.

6.ጀበና/jebena-cattle

ሲኒ/sini/cup

> *note: Jebena (the picture you see) is the Ethiopian version of coffee pot but all coffee pot or tea pot is called Jebena.

7. ማማሰያ/amamaseya-spatula

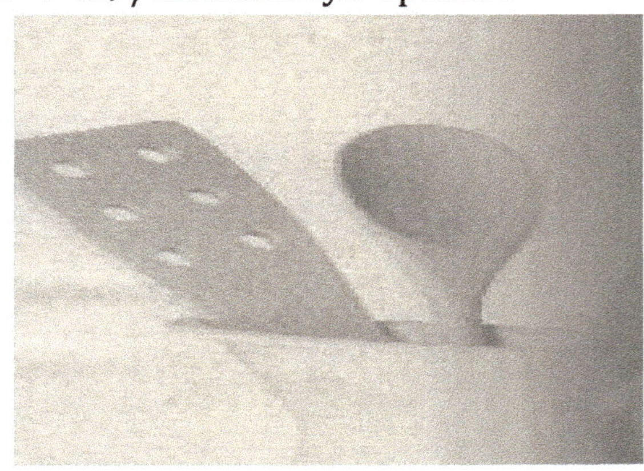

Cont…… meanings and pronunciation.

9. *መጥበሻ ና ድስት*/metehbesha na deset-frying pan and pot

10. ቅጠል/qetel-leaf

Cont...... meanings and pronunciation.

11.   ጀልባ/jelba-boat

12.   ውቂያኖስ/weqiyanos-ocean

Note:Pacific Ocean under the Bridge (Golden get bridge San Francisco

Cont...... meanings and pronunciation.

2.   ባህር ዳር/bahrdar-sea shore

13. መርከብ/merkeb-ship

Cont...... meanings and pronunciation.

14. ጃንጥላ/jantela-umbrella

15. ከረባት/kerebat-tie

Cont…… meanings and pronunciation.

16. *መስታወት*/mestawt-mirror

17. *ሚዶ*/mido-comb

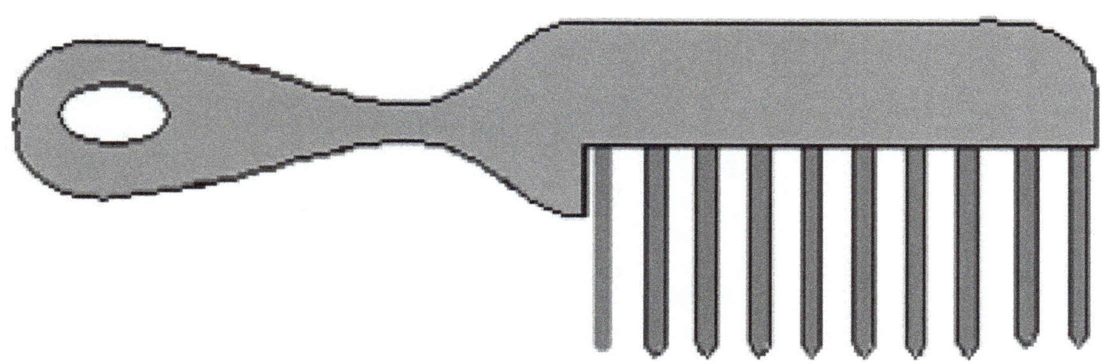

Cont...... meanings and pronunciation.

18. ሻሽ/shash-scarf

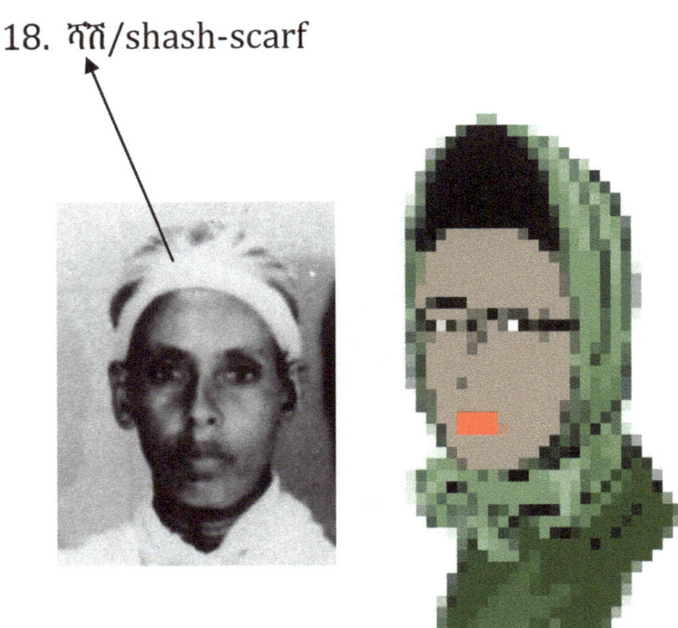

19.   ወጥ ቤት/wetbet-kitchen

Cont...... meanings and pronunciation.

20. ቢላዎ/bilawo-knife

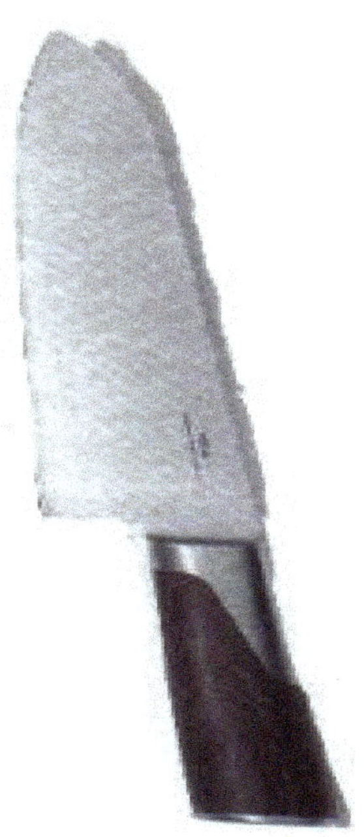

21. መከተፊያ/mektefiya-cutting board.

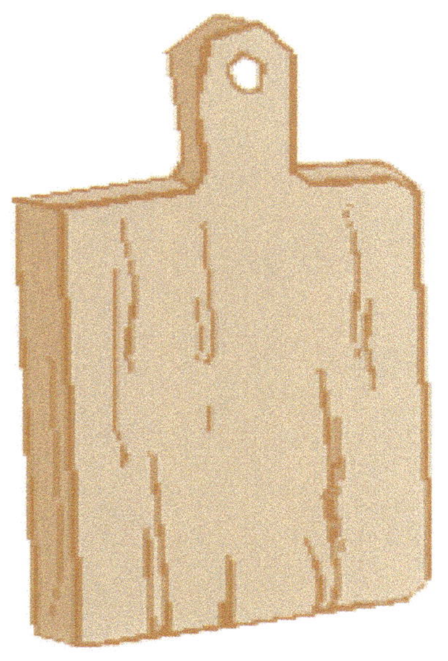

Cont...... meanings and pronunciation.

22 ቁልፍ/qulef- button

23. ቁልፍ/qulf- key

<u>ቃላት/qalat-words</u>

1. ከባድ/kebad-heavy

2. ቀላል/qelal-light

3. ርካሽ/rekash-cheep

4. ውድ/wed-expensive.

5. ንፁህ/netsuh-clean

6. ቆሻሻ/qoshasha-dirty

7. ትልቅ/teleq-big

8. ትንሽ/tenesh-small

9. ፈጣን/fetan-fast

10. ቀርፋፋ/qerfafa-slow

11 አዲስ/adis-new

12. አሮጌ/arogey-old

Match the Amharic words to the meaning and pronunciation.

1.	ወጥ ቤት	1.	bilawo-knife
2.	ፈጣን	2.	jantela-umbrella
3.	ብርጭቆ	3.	fetan-go fast
4.	ቢላዎ	4.	weha-water
5.	ውሃ	5.	berchiqo-glass
6.	አሮጌ	6.	qoshasha-dirty
7	ቁልፍ	7.	arogey-old
8	አዲስ	8.	wetbet-kitchen
9.	ቆሻሻ	9.	qulf-button
10	ሻሽ	10.	adis-new
11,	መከተፊያ	11.	kerebat-tie
12.	ሚዶ	12.	shash-scarf
13.	ከረባት	13.	mido-comb
14.	ጃንጥላ	14.	mestawt-mirro
15.	መስታወት	15.	mektefiya-cutting board.

Join the Amharic words to English comparable.

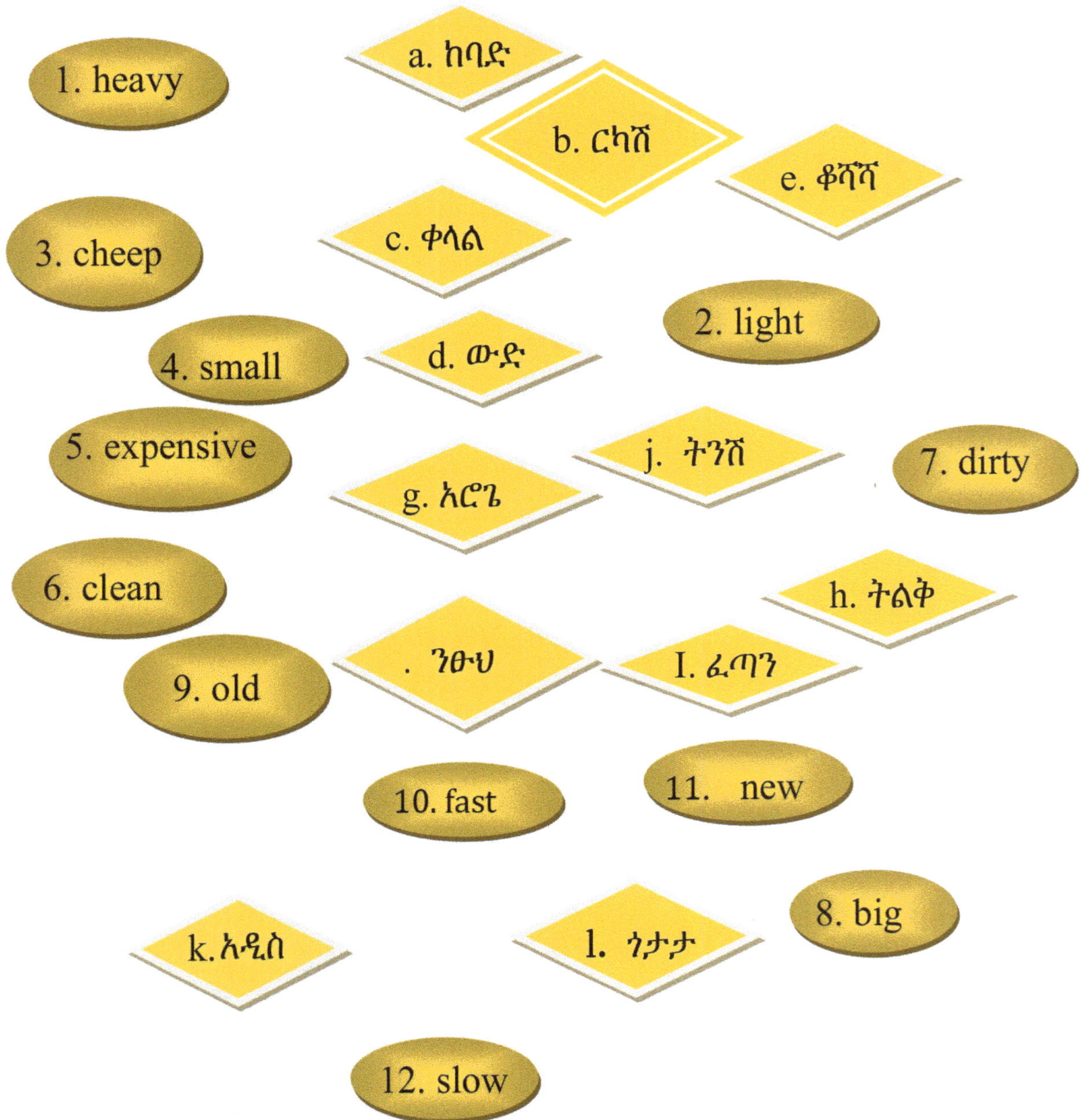

እንሰሳት/ensesat-Animals
Cont.... pronunciations and their meanings.

1.   አንበሳ/anbesa-lion

2. ውሻ/wesha-dog

እንስሳት/ensesat-Animals

Cont…. pronunciations and their meanings.

3. በግ/beg-lamb

1 ላም/lam-cow

እንስሳት/ensesat-Animals

Cont…. pronunciations and their meanings.

5. ፈረስ/feres-horse

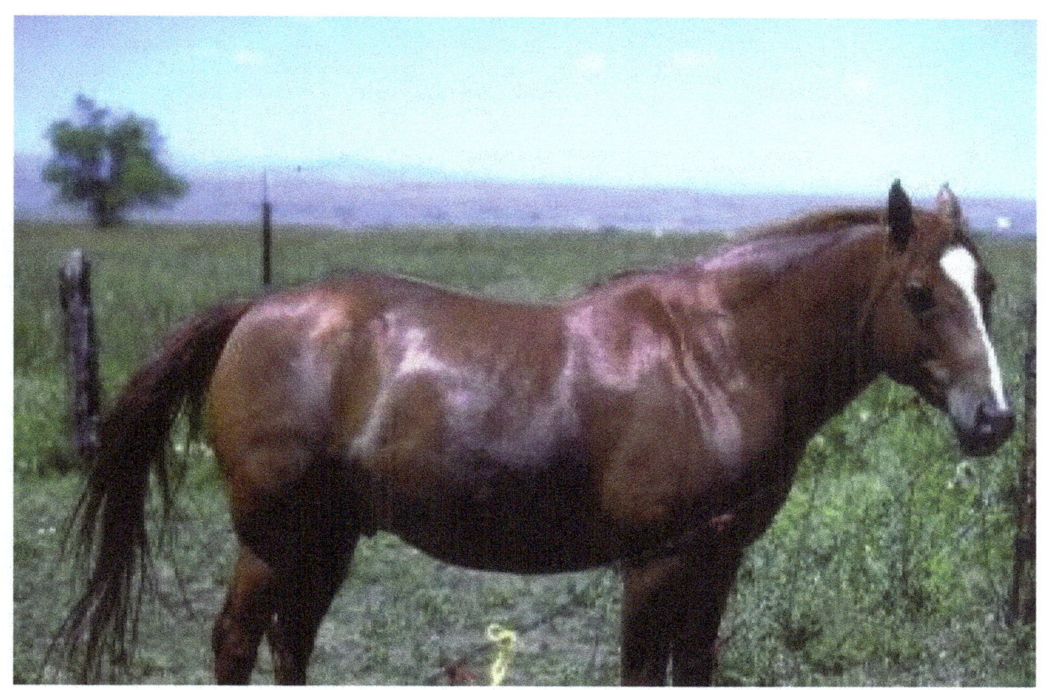

6.ዝንጀሮ/zenjero-monkey

እንስሳት/ensesat-Animals

Cont….. pronunciations and their meanings.

7.አህያ/aheya-donkey

8.   ጥንቸል/tenchel-rabbit

እንስሳት/ensesat-Animals

Cont…. pronunciations and their meanings.

9.አይጥ/ayet-mouse

10.. ሰጎን/ segon-ostrich

እንስሳት/ensesat-Animals

Cont…. pronunciations and their meanings.

10. ቀጭኔ/ qechny-giraffe

11. ነብር/neber-tiger

እንስሳት/ensesat-Animals

Cont…. pronunciations and their meanings.

13.   ዝሆን/zehon-elephant

14.   የሜዳ አህያ/ymeda aheya-zebra

እንሰሳት/ensesat-Animals

Cont.... pronunciations and their meanings.

15. ጉጉት/gugut-owl

16. ጩሉሌ/chuleley-hawk

እንስሳት/ensesat-Animals

Cont.... pronunciations and their meanings.

17.   እርግብ/ergeb-pigeon

18. ግንደ ቆርቋር/gendqorqur-woodpecker

እንስሳት/ensesat-Animals

Cont…. pronunciations and their meanings.

19. ጋጋኖ/gagano-pelican

20. ዓሣ/asa-fish

እንስሳት/ensesat-Animals

Cont......pronunciations and their meanings.

21. ዳክዬ/daky-duck

22. ወፎች/ wofoch-birds

እንስሳት/**ensesat-Animals**

Cont.....pronunciations and their meanings.

23. ድመት demet-cat

24. ግመል gemel-camel

እንስሳት/ensesat-Animals

Cont…. pronunciations and their meanings.

25. ምንጭ/mnech-stream

26. እባብ/ebab - snake

Find how much you know by joining the Amharic words to English meaning and their pronunciation.

1. ቀጭኔ	1. chuliley-hawk
2. ሰጎን	2. qechiney-giraffe
3. ድመት	3. segon-ostrich
4. ጩፎልሌ	4. demet-cat
5. በሬ	5. gendqorqur-woodpecker
6. ግንደ ቆርቁር	6. bery-bull
7. ነብር	7. doro-chicken
8. ምንጭ	8. nebr-tiger
9. ጉጉት	9. lam-cow
10. ዶሮ	10. ergeb-pigeon
11. ፈረስ	11. ebab - sneak
12. ዳክዬ	12. gugut-owl
13. ላም	13. mench-stream
14. እርግብ	14. feres-horse
15. እባብ	15. dakey-duck

Find the Amharic words listed below in the crossword puzzle.

The words can run left to right or top to bottom.

1. ዓሣ/asa

2. ድመት/demet

3. እርግብ/ergb

4. ውሻ/wesha

5. እባብ/ebab

6. በግ/beg.

7. ዝንጀሮ/zenjero

8. ዘሆን/zehon

9. ወፎች/wefoch

10. ግመል/gmel

	1	2	3	4	5	6	7	8	9
፩	በ	ድ	እ	ው	ት	ዝ	ዝ	ወ	ቀ
፪	ግ	መ	ር	ግ	ዝ	ን	ጀ	ር	ወ
፫	እ	ት	ገ	ዝ	ሆ	ን	ዓ	ሣ	ፎ
፬	ባ	ግ	መ	ል	ን	ው	ወ	ፎ	ች
፭	ብ	ብ	ድ	ብ	በ	ግ	ዉ	ሻ	ድ

Pets and Animals.

	አማርኛ Amharic	pronunciation	meaning
1	ድመት	demt	cat
2	ውሻ	wesha	dog
3	ዶሮ	doro	chicken
4	ፈረስ	feres	horse
5	አህያ	aheya	donkey
6	በሬ	bery	bull
7	ላም	lam	cow
8	ፍየል	feyel	goat
9	በግ	beg	sheep
10	አሳማ	asama	pig
11	ዝንጀሮ	zenjero	monkey
12	በቅሎ	beqelo	mule
13	ጥንቸል	tenchel	rabbit
14	ተርኪ	turky	turkey
15	ኤሊ	aeli	tortoise

Find how much you know by joining the Amharic words to English meaning and their pronunciation.

1.	ዓሣ	1.	beg-lamb.
2.	በግ	2.	ebab- snake
3.	እባብ	3.	ergegb-pigeon
4.	ጋጋኖ	4.	asa-fish
5.	እርግብ	5.	gagano-pelican
6.	ግመል	6.	zenjero-monky
7.	ዳክዬ	7.	wefoch-birds
8.	ዝንጀሮ	8.	gemel-camel
9.	ወፎች	9.	dakey-duck
10.	ዝሆን	10.	zehon-elephant
11.	ጉጉት	11.	feyel-goat
12.	ፌየል	12.	gugut-owl

Find out which Amharic word does not fit the group.

*as in the example * ሰው/sew-እርሻ/ersha-ሜዳ/meda

ተራ	ሀ	ለ	ሐ	
1	ሀ/በር-ber	ለ/በሬ-berey	ሐ/ላም-lam	
2	ሀ/ፍየል-feyel	ለ/ነብር-neber	ሐ/በግ-beg	
3	ሀ/ድመት-demet	ለ/ዶሮ-doro	ሐ/ዳከዬ-dakey	
4	ሀ/አህያ-aheya	ለ/ፈረስ-feres	ሐ/አንበሳ-anbesa	
5	ሀ/አሳማ-asama	ለ/ጥንቸል-tenechel	ሐ/አይጥ-ayet	
6	ሀ/ሴት-set	ለ/ወንድ-wend	ሐ/ድብ-deb	
7	ሀ/ሙዝ-muz	ለ/ወይን-weyen	ሐ/ዝሆን-zehon	
8	ሀ/ቀሚስ-qemis	ለ/ሱሪ-sori	ሐ/መንገድ-meneged	
9	ሀ/መኪና-mekina	ለ/አውቶቡስ-atobus	ሐ/ሎሚ-lomi	
10	ሀ/እርሳስ-eresas	ለ/በዕር-beear	ሐ/ሳህን-sahen	

Find and connect the Amharic word to the English word.

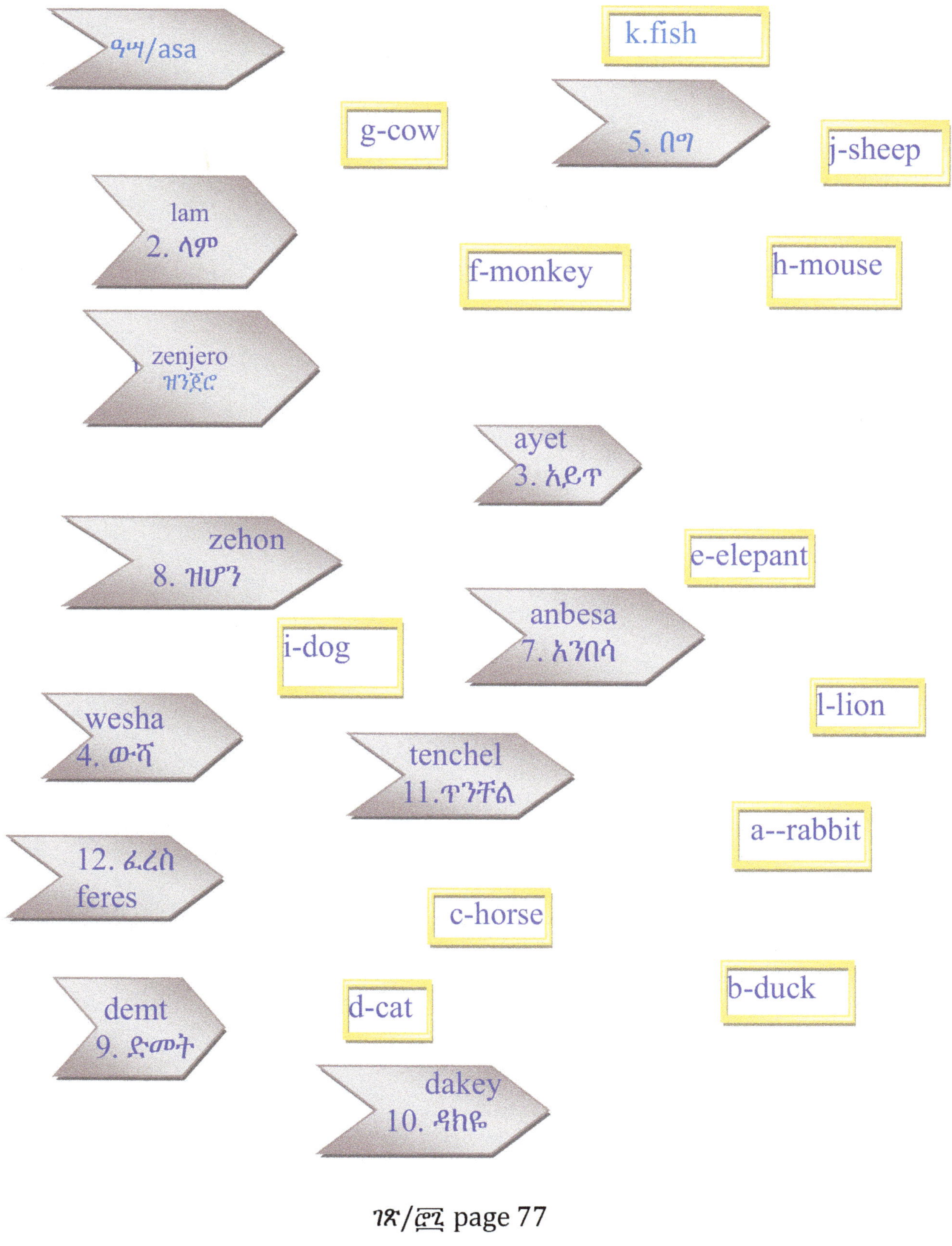

Match the animals to their associated pictures.

As in the example:

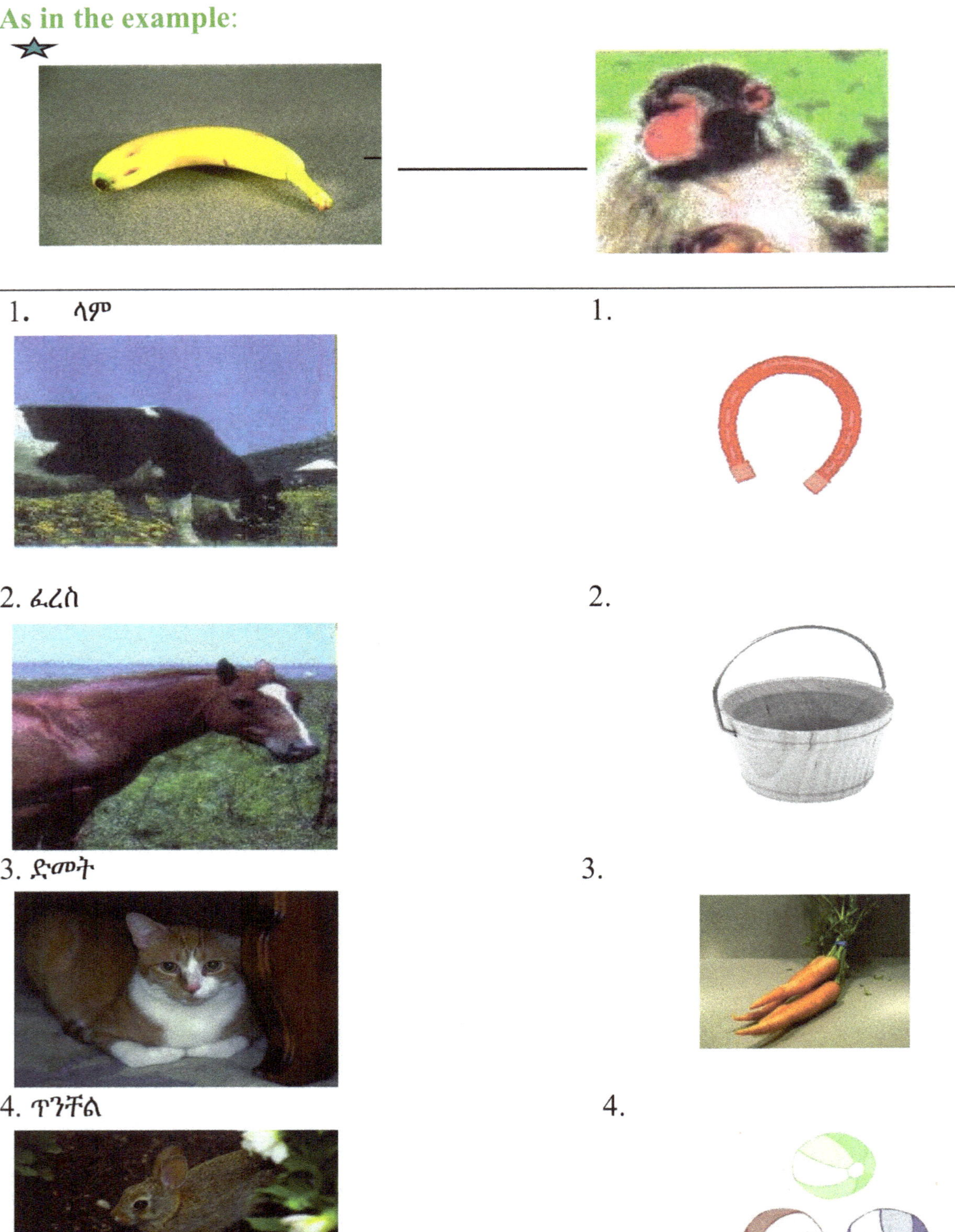

1.   ላም

1.

2. ፈረስ

2.

3. ድመት

3.

4. ጥንቸል

4.

Mixed word exercises

Look at the pictures and their meanings.

1.ጉንዳን/gundan-aunt

2.   ቢራ ቢሮ/birabiro-butterfly

Cont..... pronunciations and their meanings.

3. አሳማ/asama-pig

4. ሽረሪት/shererit-spider

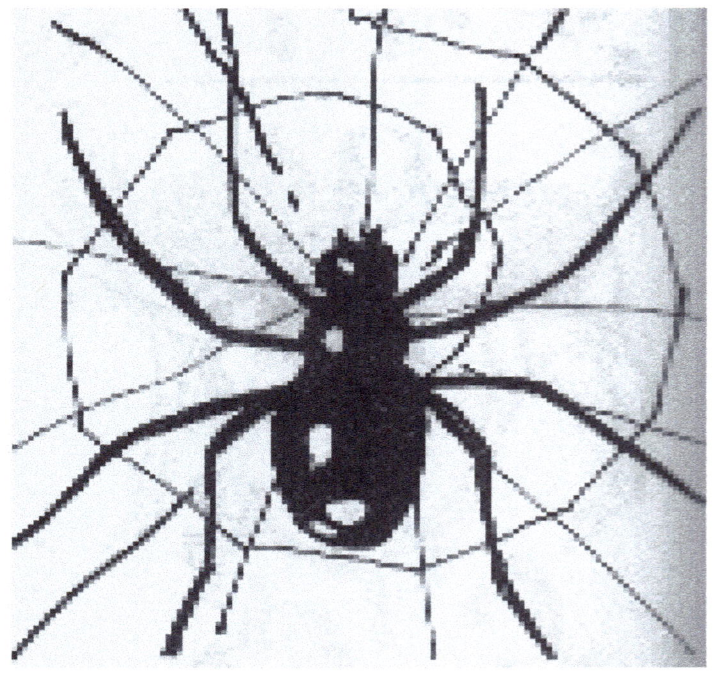

Cont.... pronunciations and their meanings.

5. ዝንብ/zenb-fly

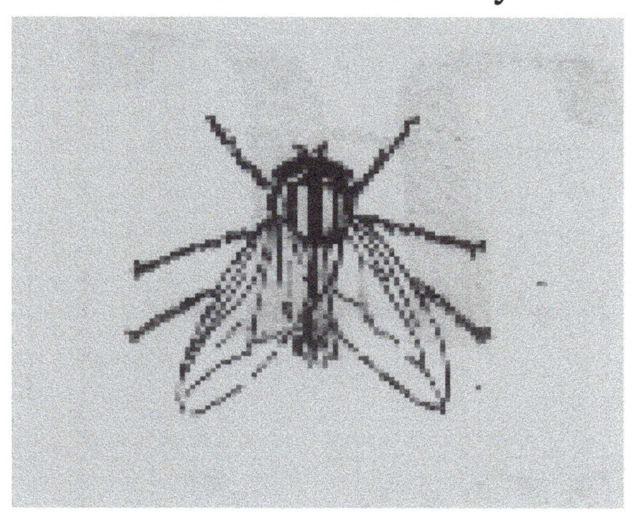

6. ትንኝ/tenge-bug

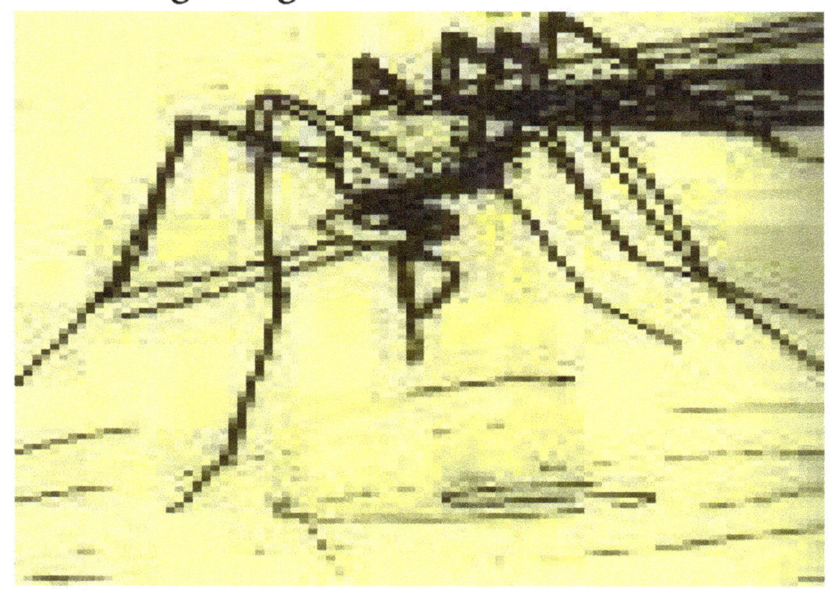

Mixed word exercises

Look at the Amharic words to English meanings and their pronunciations.

1   ያልጋ ልብስ/yalga lebes-bedspread

2   ፖስታ ቤት/posta bet- post office.

3   ቴምበር/tember-stamp

4   ፊስ/ kuws-ball

5   ቀለበት/kelebet-ring

6   ወርቅ/worq-gold

7   አልማዝ/alemaz-diamond

8   እንቁ/enqu-precious stone

9   ብር/berr-siliver

10   አንባር/anbar-bracelet

dialog

1   ሲኔማ ቤት ፊልም ይታያል
    Cinama bet film yetayal
    At a theater, you watch a movie.

2.   ሰናይት ምግብ ሰራች
    Senayt megeb serach
    Senayt made/prepared food.

3.   ከተማ ልሄድ ነው
    Ketma lehed now
    I will be going to the city.

Look at the pictures and their meanings.

1. ላም ስትታለብ/lamstetaleb-milking cow

2. ቅጥላቅጠል/qetelaqtel-herb

Look at the pictures and their meanings.

3, እንቁራሪት / enqurarit-frog

4.በሬዎች/berywoch-bulls

Look at the pictures and their meanings.

5.ዶሮች/doroch-chichens

6.በጎች/begoch-sheeps

Cont….. meanings.

7. የፈረስ ቤት/yeferes bet stables

8. የከብት ማርቢያ/yekebet-animal farm

Cont…. their meanings.

9. ፍየል ከነ ግልገሉዋ/ feyel ken gelegeluwa-goat with kid

10. አውራ ዶሮ/awra doro-rooster

Cont…. their meanings.

10.　አሳማ/asama-pig

12.ግመል/gmel-camel

Look at Amharic numbers.

row/ተራ	አረብኛ ና አማርኛ ቁጥር Arabic-Amharic numbers	አናባቢ pronunciation	አማርኛ Amharic
1	1 one ፩	Aned	አንድ
2	2 two ፪	hulet	ሁለት
3	3 three ፫	soset	ሶሥት
4	4 four ፬	arat	ዓራት
5	5 five ፭	amest	አምስት
6	6 six ፮	sedeset	ስድስት
7	7 seven ፯	sebat	ሰባት
8	8 eight ፰	sement	ስምንት
9	9 nine ፱	zetegn	ዘጠኝ
10	10 ten ፲	aser	አስር

Look at Amharic numbers and learn how to count.

row/ተራ	አርብኛ ቁጥር Arabic number-	አማርኛ ቁጥር Amharic number	አናባቢ pronunciation	በአማርኛ Amharic word
1	20	፳	haya	ሃያ
2	30	፴	selasa	ሰላሳ
3	40	፵	areba	አርባ
4	50	፶	hamsa	ሃምሳ
5	60	፷	selsa	ስልሳ
6	70	፸	seba	ሰባ
7	80	፹	semaniya	ሰማንያ
8	90	፺	zetena	ዘጠና
9	100	፻	meto	መቶ
10	1000	፼	And shi	አንድ ሺ

See if you can find these words in the word box.
The words can run left to right or top to bottom.

1. በሬ/berey
2. ጦጣ/Totah
3. በግ/beg
4. ጥጃ/teja

5. እንቁራሪት/ enqurarit
6. ላም/lam
7. ዶሮ/doro
8. ጥንቸል/tenchel

	1	2	3	4	5	6	7	8
1	በ	ግ	ጠ	ጥ	እ	ላ	ዶ	ፈ
2	ግ	በ	ጣ	ጃ	በ	ም	ሮ	ካ
3	ጥ	ጥ	ን	ች	ል	እ	ላ	ም
4	በ	ጃ	ላ	እ	ዳ	ን	ን	በ
5	ጥ	ጃ	ም	ን	ፍ	ቁ	ጥ	ሬ
6	ጃ	እ	ን	ቁ	ራ	ሪ	ት	ጠ
7	እ	ን	ቁ	ራ	ሪ	ት	ቤ	ዶ
8	መ	ዶ	ሮ	ጥ	ጃ	ል	ብ	ሮ

ከፍል ፪

Part Two

ከፍል ሁለት/Part Two

የቤት ዕቃ Home Items

Look at the pictures of things you might see in a home.

1.   ጠረጴዛ/terebeza

ገበታ ቤት/ gebeta bet/ dining room

የገበታ ዕቃ ማስቀመጫ/Yegebeta eqa masqemecha/Buffet   2.   ወንበር/wonber

Cont…. might see in a home.

3. ስልክ/selk

4.መስኮት/meskot

Cont…. might see in a home.

5. ቁምሳጥን የልብስ/qumsaten standing box or Armoire

6.   ቴሊቪዥን/ television

Cont…. might see in a home.

7. ማቀዝቀዣ/maqezqqezja

8. ምድጃ/medeja

Cont..... might see in a home.

9. ፎቶ/photo

10. ሥዕል/seal

Cont.... might see in a home.

11. ሰዓት/seat

12. ሶፋ/sofa

Cont.... might see in a home.

13. a/ያልጋ ልብስyalga lebs-bedsppread

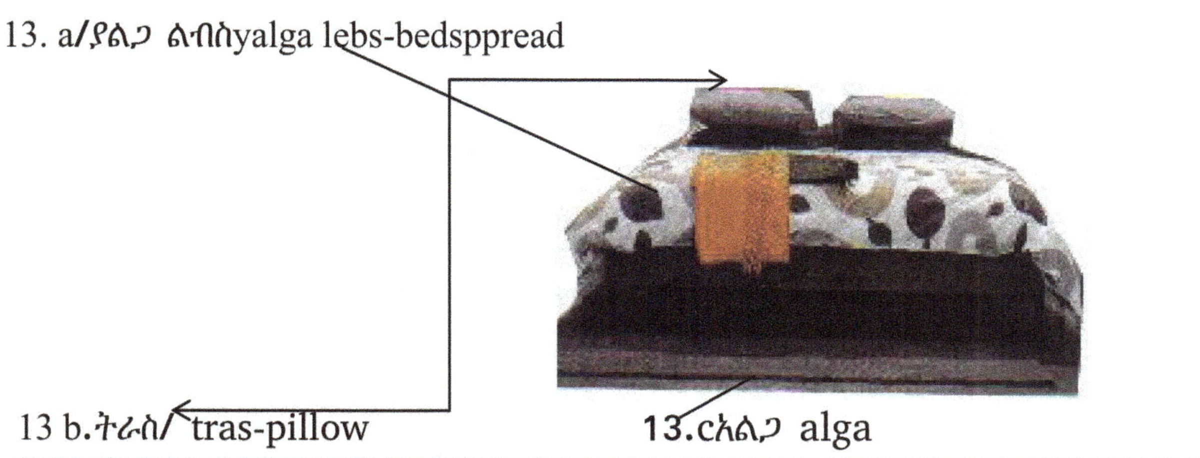

13 b.ትራስ/ tras-pillow   13.cአልጋ alga

xxxxxxxxxxxxxxxxxxxxxxxxxxxxxxxxxxxxxxxxxxxxxxxxxxxxxxxxxxxxxxxxxxxxxxxxxxxxxxxxxxxxxxxxxxxxxxxxxxxxxxxxxxx

If you can remember all the words, match the Amharic to the Pronunciation.

1.	terpeza	a.	መስኮት
2.	meskot	b.	ምድጃ
3.	wenber	c.	ጠረጴዛ
4.	alga	d.	ሶፋ
5.	medeja	e.	አልጋ
6.	qumsaten	f.	ቁምሳጥን
7	sofa	g.	ስልክ
8.	seat	h.	ሰዓት
9.	selk	i.	ያልጋ ልብስ
10.	maqezeqezja	j.	ወንበር
11.	meberat	k.	ማቀዝቀዣ
12.	yalga lebs	l.	መብራት

Match the Amharic words to English words.

1.	clock	1.	ወንበር
2.	cupboard	2.	መስኮት
3.	chair	3.	ቂምሳጥን
4.	door	4.	ሰዓት
5.	window	5.	ሲኒ
6.	glass	6.	ውሃ
7.	water	7.	ብርጭቆ
8.	cup	8.	በር

Match the words and their pronunciation.

1.	ber	1.	ምድጃ
2.	meskot	2.	መስኮት
3.	selk	3.	በር
4.	alga	4.	ስልክ
5.	medeja	5.	አልጋ
6.	qumsaten	6.	ኮፒውተር
7.	Computer	7.	ትራስ
8.	tras	8.	ቂምሳጥን

Look at the Amharic words to English definition and its pronunciation.

	አማርኛ/Amharic	አናባቢ/Pronunciation	ትርጉም/Definition
1	መብራት	meberat	Light
2	ጠርጴዛ	terbeza	Table
3	ስልክ	selk	Phon
4	ውንበር	wenber	Chair
5	መስኮት	meskot	Window
6	ሰዓት	seat	Watch
7	ስዕል	seal	Picture
8	አልጋ	alga	Bed
9	ሶፋ	sofa	sofa/couch
10	ቁምሳጥን	qumsaten	Cupboard
11	ማቀዝቀዣ	maqezeqezja	Refrigerator
12	ምድጃ	medeja	Stove
13	ቁምሳጥን የልብስ	qumsaten ye lebes	Closet
14	በር	ber	Open door
15	መዝጊያ	mezegiya	Door
16	ሙሽራ	mushera	bride and groom
17	ሙዜ	muzey	Bride maid & Best man
18	ድብ	deb	Bear
19	አውራሪስ	aweraris	Rhino
20	ጥጃ	teja	Calf
21	እሳት	esat	Fire
22	ሠርግ	serg	Wedding
23	ገንዘብ	genzeb	Money
24	እንፋዋለት	efuwalet	Steam
25	እንጨት	enchet	Wood

Look at the pictures and their meanings.

1. *መሙሽራ*/mushera-bride

2. *መብራት*/meberat-light

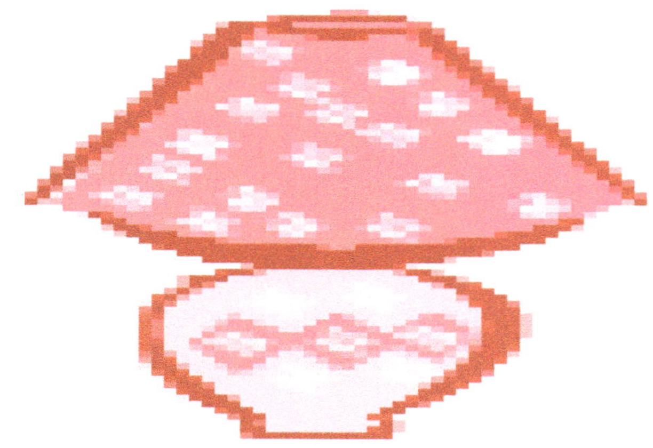

Cont…. their meanings

3. *መዝጊያ*/mezediya-door (closed)

4.ላም ከነ ጥጃዋ/lam ken tejewa-cow&calf

Cont….. their meanings

5. ድብ/deb-bear

6. አውራሪስ/aweraris-rhino

Find the Amharic words and their English pronounce.

1.	terepeza	a.	መስኮት
2.	meskot	b.	ምድጃ
3.	wenber	c.	ጠረጴዛ
4.	alga	d.	ወንበር
5.	medeja	e.	ሶፋ
6.	qumsaten	f.	አልጋ
7.	sofa	g.	ቁምሳጥን
8.	seat	h.	ስልክ
9.	selk	I.	ሰዓት
10.	maqezeqezja	j.	መብራት
11.	meberat	k.	ማቀዝቀዣ

Find the Amharic pronounced words and their English meanings.

1.	table		1.	wenber
2.	bed		2.	terepeza
3.	chair		3.	meberat
4.	light		4.	alga
5.	stove		5.	seel
6.	picture		6.	medeja
7.	paint		7.	photo
8.	telephone		8.	maqezeqejza
9.	refrigerator		9.	selk
10.	watch		10.	ya alga lebs
11.	pillow		11.	seat
12.	bed spread		12.	teras

Now see if you can fill in the household words by putting circle on the correct Amharic words.

1.

1-1. ወንበር   **1-2. አልጋ**   **1-3. ጠረጴዛ**

2.

2-1. ሶፋ   **2-2. አልጋ**   **2-3. ቴሌቪዥን**

Cont.... circle on the correct Amharic words.

3.

3-1. ወንበር   **3-2.** ሶፋ   **3-3.** ጠረጴዛ

4.

4-1. ጠረጴዛ   **4-2.** ወንበር   **4-3.** ቴሌቪዥን

Cont.... circle on the correct Amharic words.

5.

5-1. ወንበር   **5-2.** ሶፋ   **5-3.** መስኮት

6.

6-1. ቁምሳጥን   **6-2.** ጠረጴዛ   **6-3.** መስኮት

Decide where these household items should go or would be.
Then find it and write the correct number in the given image.

1. አልጋ	2. በር	3. መስኮት
4. ወንበር	5. ኮምፒውተር	6. ስልክ
7. ማቀዝቀዣ	8. ምድጃ	9. ሶፋ
10. ጠረጴዛ	11. ቴሌቪዥን	*12. መብራት

as in the example.

መብራት/meberat. light

መለማመጃ/ Exercises

1.	ber	1. ምድጃ
2.	meskot	2. መስኮት
3.	selk	3. በር
4.	alga	4. ስልክ
5.	medeja	5. አልጋ
6.	qumsaten	6. ኮምፒውተር
7.	computer	7. ቄምሳተን

Connect the Amharic words to English means.

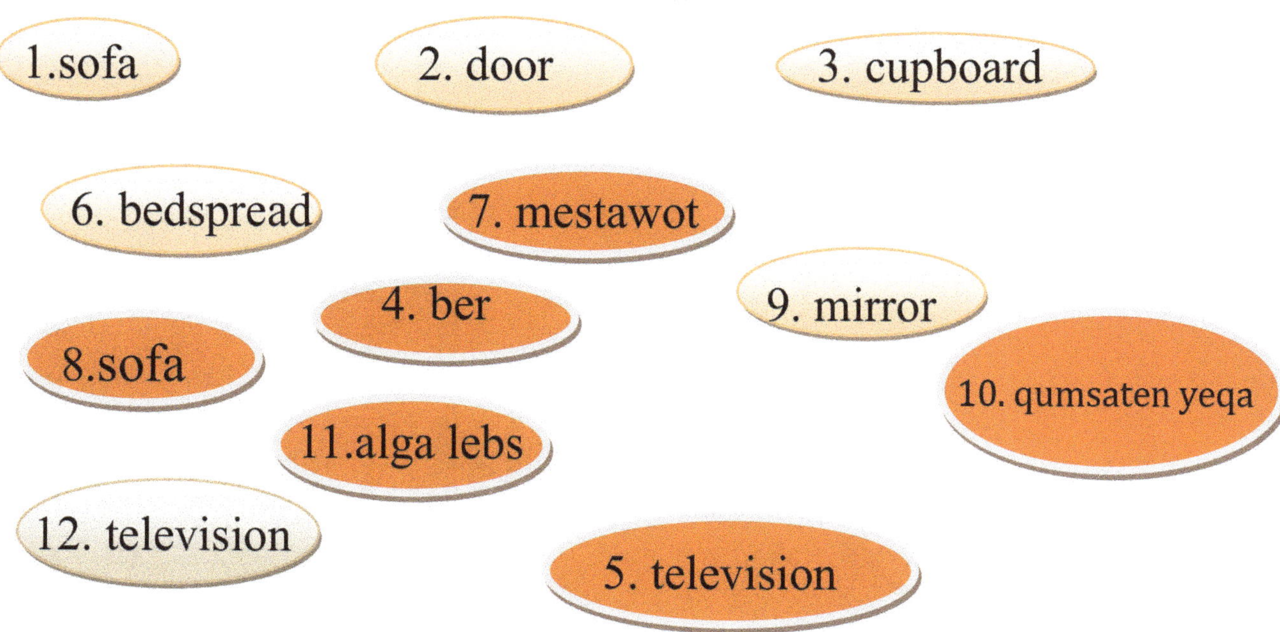

Decide where the house hold items should go. Then write the correct numbers in the picture, as in the example.

ምሳሌ/mesaley-example*6 ስልክ-e

1.	አልጋ-	2.	በር	3.	መስኮት	4.	ወንበር
5.	ኮፒውተር	6*	ስልክ-e	7.	ማቀዝቀዣ	8.	ምድጃ
9.	ሶፋ	10.	ጠረጴዛ	11.	ቴለቪዥን	12.	ስዓት

a. b. c. d

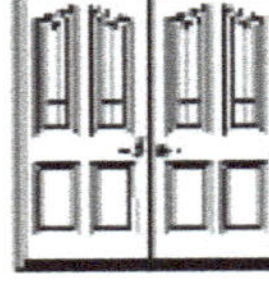

____

- - - - - - -

- - - - - - - - - -

- - - - - - - - - -

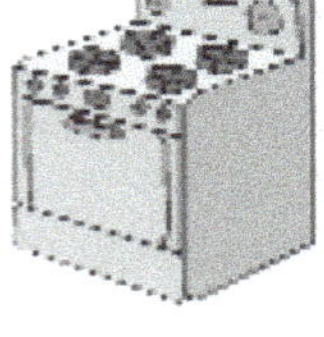

*6e

f - - - - - - - -

g - - - - - - - - -

h - - - - -

i - - - - - - -

j _______

k _______

l - - - - - - -

Look at the Amharic words pronunciation and their meanings.

1. መቁረጥ/mequret-cut

2. መክፈት/mekefet-open

3. መቅዳት/meqedat-pour

4. የተቃጠለ/yeteqatel-burn

5. የተቀቀለ/yeteqeqel-boiled

6. የተጋገረ/yetegager-baked

7. ጭስ/ches-smoke

8. መጥበስ/metebes-fry

9. ማፍላት/mafelat-boil

10. ሊጥ/lih-dough

11. ማማሰል/mamasel-stir

12. መደባለቅ/medebaleq-mix

Mixed exercises
Match the Amharic words to their English meanings.

*example- 5. ብስክሌት/ bsklet-

1.	መቁረጥ/mequret	1.	dough
2.	መክፈት/meketef	2.	pour
3.	መቅዳት/meqdat	3.	cut
4.	መጥበስ/metebes	4.	stir
5. *	ብስክሌት/bsklet	5.	bicycle
6.	ሊጥ/lit	6.	fry
7.	መደባለቅ/medebaleq	7.	Boil
8.	ማማሰል/mamasel	8.	chop
9.	ማፍላት/mafelat	9.	mix
10.	መክተፍ/mktef	10.	open

ልብሶች/lebsoch-clothes

Look at the picture of different clothes and their pronunciation.

1.   ካፖርት/kaport-overcoat

2.   ሹራብ/shurab-sweeter

Cont…. their pronunciation.

3. ካልሲ/kalsi-sacks

4 ቀበቶ/qebeto-belt

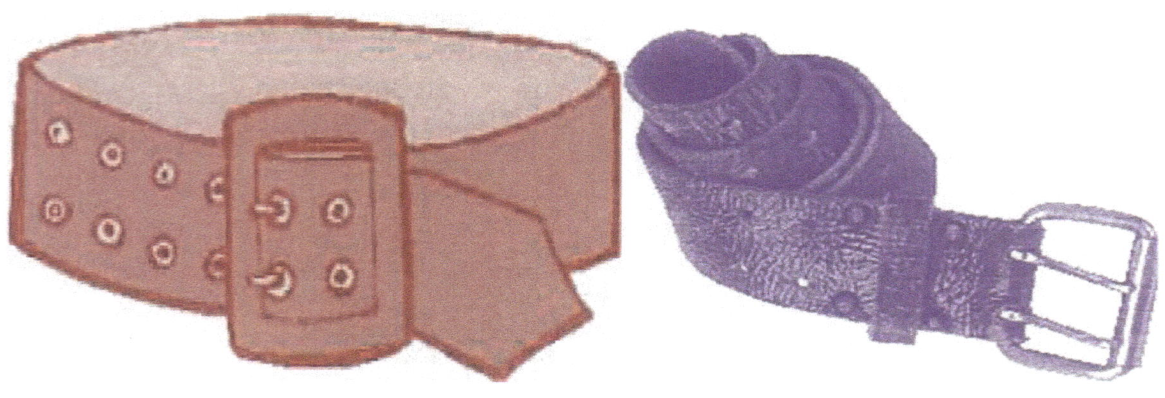

Cont... pronunciation.

5. ካኔተራ/kanetera-undershirt

6. ቁምጣ/qumta-short

Cont... pronunciation.

7. ቦርሳ/ borsa-bag

8. ሱሪ/suri-pant

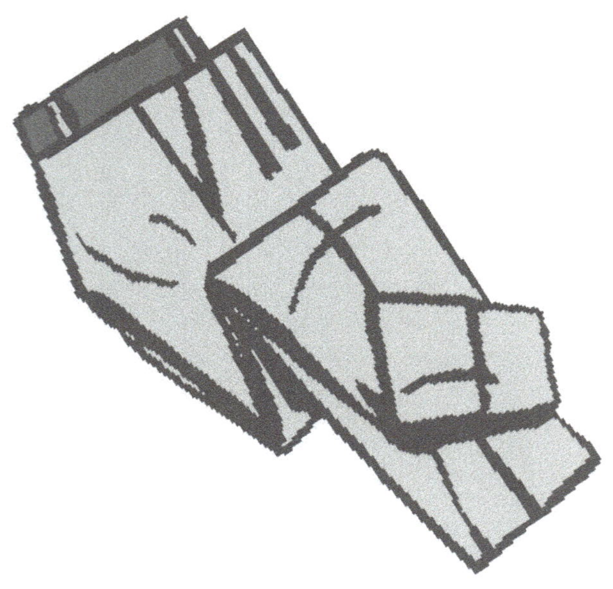

Cont... pronunciation.

10. ሸሚዝ/ shemiz-shirt

9. ጉርድ/gurd-skirt

Cont... pronunciation.

11. ባርኔጣ/ barneta-hat

12. ቀሚስ/qemis-dress

con. pronunciation.

13. ጫማ/chama-shoes

5.   ጃኬት/jaket-jacket

Cont.... pronunciation.

15. የጅ ሹራብ yej shurab-gloves

16.መነፅር/menetser-glass

Cont... . pronunciation.

17. የቤት ጫማግ/yebet chama-house shoes

Words on clothes and their associates
1. አንሶላ/ansola- bed sheet
2. ትራስ ልብስ/tras lebes-pillow cases
3. ሽቶ/sheto-perfume
4. ቅባት/qbat- any kind of cream or lotion
5. ፎጣ/fotah-towel
6. መሃረብ/mehareb-handkerchief
7. መርፌ/merfey-needle
8. መርፌ ቁልፍ/merfe qulf -safety pin
9. የገላ ሳሙና/yegela samuna-bath soap
10. ኩል/kul-eyeliner
11. መቀስ/meqes-scissors
12. ክር/ker-thread
13. ብሩሽ/Berush-brush
14. ጌጣ ጌጤ ማስቀመጫ/getageteh-nasqemecha- jeweler box
15. መቅረጫ/meqerech-sharpener
16. ሻሽ/shash –skarf
17. መቀንደቢያ/meqendebiya-tweezer
18. ጥፍር መቁረጫ/tefermequrecha-nail clipper
19. ጆሮ ማጸጃ/joro-matsedeja-ear swab
20. የጥፍር ቀለም/yetefer qelem-nail polish

Match the Amharic Words to their pronunciation.

1. ቀበቶ

2. ሹራብ

3. ካልሲ

4. ሱሪ

5. ጉርድ

6. ባርኔጣ

7. ጫማ

8. ካኔቴራ

9. ሸሚዝ

10. ቁልፍ

11. የቤት ጫማ

12. ሻሽ

13. ካፖርት

a. shurab

b. barneta

c. chama

d. kalsi

e. qebeto

f. kanetra

g. suri

h. gured

I. Kaport

j. ybet chama

k. shemiz

l. qulf

m. shash

Find the missing Amharic alphabet words for clothes.

Example ምሳሌ

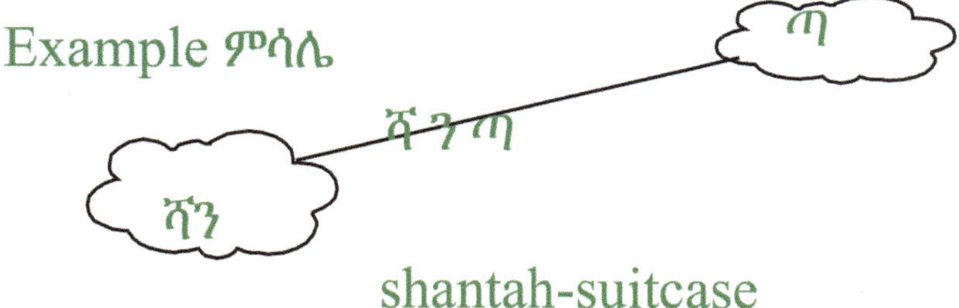

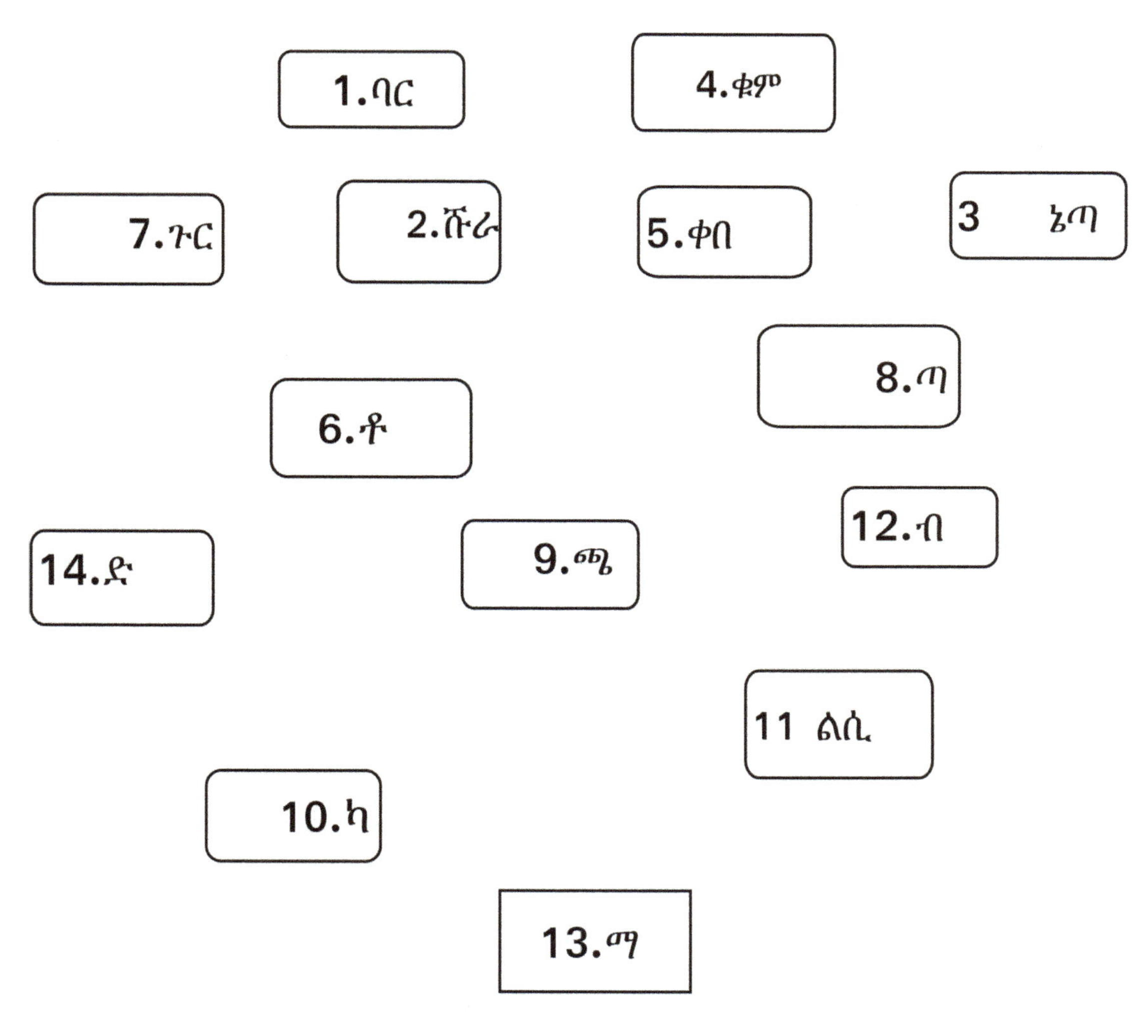

Match the Amharic Words to their pronunciation.

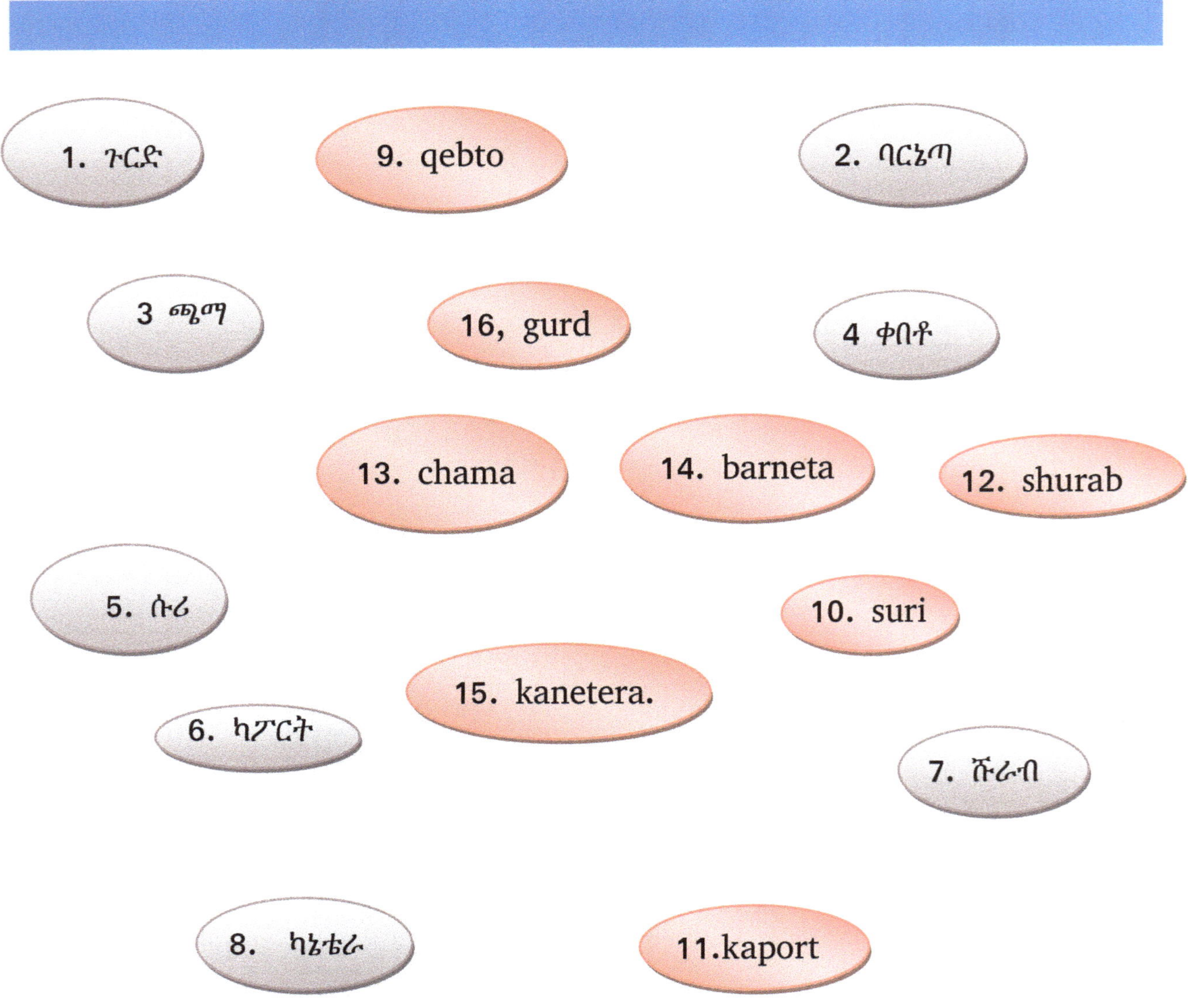

See if you can find these clothes in the word box.

Babule is going on vacation; count how many of each type of clothing/items she is packing in her suitcase,

፩-1 ማስታወሻ ደብተር ___

፪-2 ሻንጣ___

፫-3 ቀበቶ___

፬-4 ሹራብ_

፭-5 ጫማ_

፮-6 ጉርድ___

፯-7 ቦርሳ___

፰-8 ካልሲ___

፱-9 ቀሚስ___

፲-10 ቄምጣ___

፲፩-11 መነፅር___

፲፪-12 የቤት ጫማ___

፲፫-13 ሱሪ___

፲፬-14 ሻኝጣ___

፲፭-15 ባርኔጣ___

ምግብ/megeb-food

Look at the picture of different foods and their meaning with pronunciation.

1. ፍራፍሬ/feraferey-fruits

2. አታክልት/atakelt-vegetables

ምግብ/megeb-foods

Cont….. pronunciations and their meanings.

3. ዳቦ/dabo-bread

4.ወተት/wetet-milk

ም**ግብ**/megeb-foods

Cont..... pronunciations and their meanings.

5.   እንጀራ/enjera-kind of tortilla it tests mild lime

6. ቂጣ/qita- like pancake Ethiopian has for breakfast it is Cranach.

ምግብ/megeb-foods

Cont…. pronunciations and their meanings.

7. ዘይት / zeyet-oil

8.ሽንኩርት/shenkurt-onion

ምግብ/megeb-foods

Cont..... pronunciations and their meanings.

9. ቲማቲም/timatim-tomato

10. በቆሎ/bequlo-corn

ምግብ/megeb-foods

Cont….. pronunciations and their meanings.

11.ሎሚ/lomi-lemon

12.   ሥጋ/sega-meat

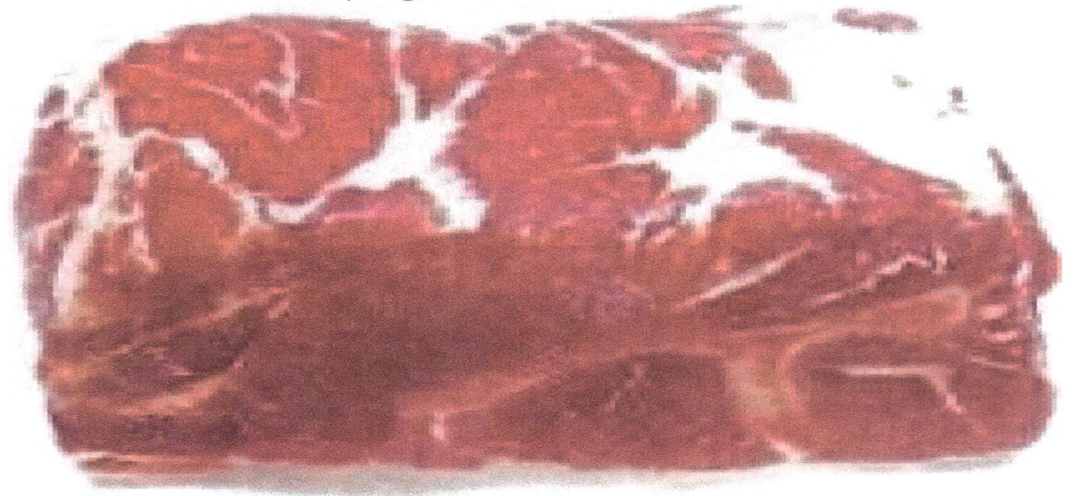

ምግብ/megeb-foods

Cont..... pronunciations and their meanings.

13. እንቁላል/enqulal-egg

14. አተር ከክ/ater kek

15. ምስር ከክ/mesre kek split lentil

Cont….. pronunciations and their meanings.

15.   ወጥ/wat/Stew

17. ጨው/chew-salt

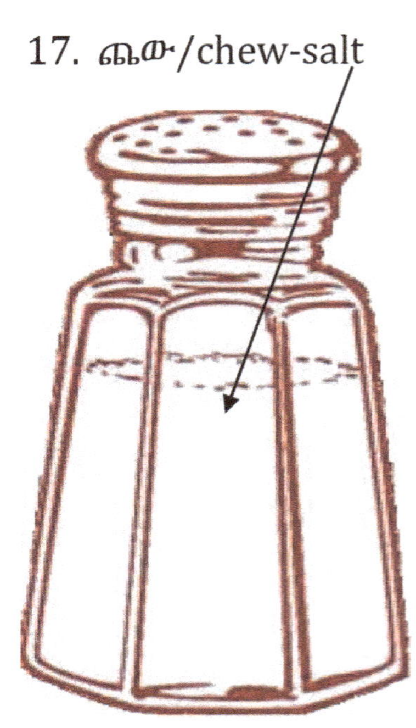

Cont..... pronunciations and their meanings.

18. ድንች/dench potato

19. ነጭ ሽንኩርት/nech shenkurt-garlic

ምግብ/megeb-foods

Cont…. pronunciations and their meanings.

21. ቃሪያ/qariya-all kind of fresh peppers

22. ብርቱካን/bretukan-orange

Match the Amharic words to the pronunciation.

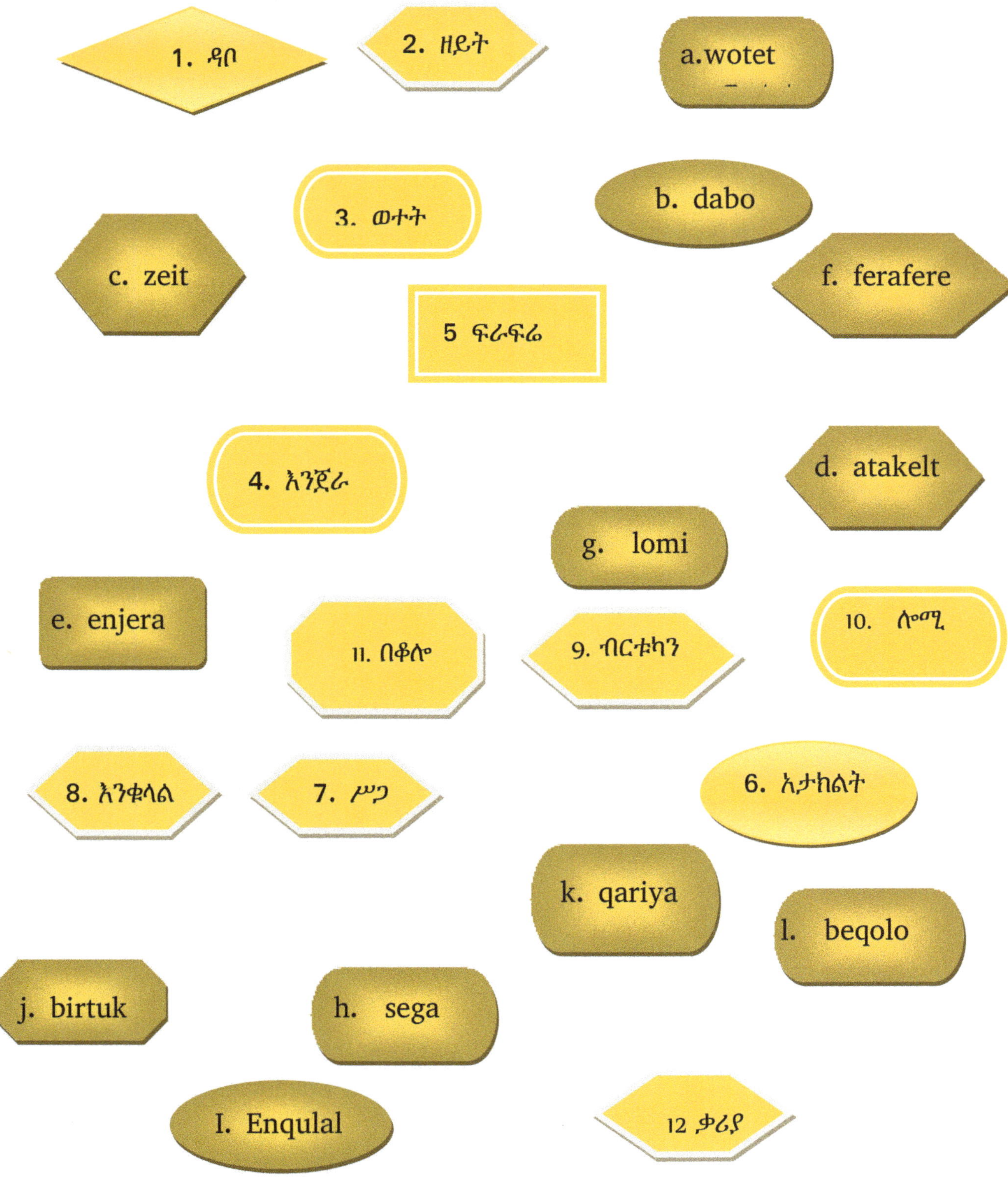

* ተፈላጊ ቃል tefelagi qal /useful words

1.   አባት/abat-father

2.   እናት/enat-mother

3.   እህት/ehet-sister

4.   ወንድም/wendm-brother

5.   አጎት/agot-uncle

6.   አክስት/akest-aunt

7.   ጓደኛ/ guwadnga-friend

8.   ዘመድ/zemed-relative

9 .   እንጀራ አባት/enjera abat-stepfather

10.   እንጀራ እናት/enjera enat-stepmother

11.   የእህትና የወንድም ሴት ልጅ/yehet na yewendme set lej-niece

12.   የእህትና የወንድም ወንድ ልጅ/ yehet na yewendme wend lej-nephew

13.   የባል እህት/ምራት/ yebal ehet- merat= sister in-law (both side)

14.   የባል ወንደም/አማች/ yebal wondem- amach=brother–in-law(both side)

15.   የባል ወይንም የሚስት ወላጆች/አማት(አማቶች)
       yebal-wyem yemist welajoch-amat (amatoch)
                In Laws

* ተፈላጊ ቃል tefelagi qal /useful words

1. ጎረቤት/gorebet-neighbor

2. ገንዘብ ቤት/genzeb bet/casher

3. ቤተ ክርስቲያን/betkerstiyan-church

4. መስጊድ/mesgid-mosq

5. ገዳም/gedam-monastery

6. መነኩሴ/menekusey-monk

7. መስቀል/mesqel-cross

8. ሻማ/shama-candle

9. መጥረጊያ/meteregiya-broom

10. እቅፍ/eqef-bunch

11. መስታዎት/mestawot-mirror

12. መታጠቢያ ቤት/metatebiyabet -bathroom

13. እንግዳ ቤት/engedabet-guesthouse

14. ፍርድ ቤት/fredbet-court

15. መኝታ ቤት/mengtabet-bed room

cont... *ተፈላጊ ቃል tefelagi qal /useful words.

1.	አንተ	ante	you(m)
2.	አንቺ	anchi	you(f)
3.	እናንተ	enante	you(plural)
4.	እኛ	egna	we
5.	በላ	bela	eat(m)
6.	ጠጣ	tehta	drank(m)
7.	ተኛ	tenga	slept(m)
8.	ተነሳ	tenesa	awake (m)
9.	እኔ	eney	me/I
10.	ተነሳች	tenesach	awake(f)
11.	ተኛች	tengach	slept(f)
12.	በላች	belach	eat(f)
13.	ጠጣች	tetahch	drank(f)
14.	እሱ	esu	him(m)
15.	እሱዋ	esuwa	her(f)
16	እነሱ	enesu	they (p)
17.	ይመጣሉ	yemetalu	will come (p)

cont...*ተፈላጊ ቃል tefelagi qal /useful words.

1. ሴት...set/women.
2. ወንድ.......................................wond/man
3. ልጅ...lej/child
4. ወንድ ልጅ....................................wond lej/boy
5. ሴት ልጅ......................................set lej/ girl.
6. ጤና ይስጥልኝ/ሰላም
   tena yestlenge or selam.............. good health to you. or
                                     peace/hello (both side)
7. አመስግናለሁ ደህና ነኝ
   amesegenalehu dehena nenge............thank you I am fine.
8. ስምህ ማነው?
   semeh manow? (m).....................what is your name?
9. ስሜ ማሞ ነው
   semey mamo now.......................my name is mamo
10. ስምሽ ማነው ?
    semesh manow(f)...................... what is your name?
11. ስሜ ባቡ ነው
    semey babu now........................ my name is babu.
12. ወዴት ትሄዳለህ ?
    wedet tehedaleh? (m).....................where are you going?
13. ወደ ቤት
    Wodebet.................................I am going home.
14. ወዴት ተሄጃለሽ
    wedet tehejalesh? (f).....................where are you going?
    ወደ ሥራ
    Wodsera................................I am going to work.
15. አንደምነሽ?
    endemnesh? (f)...........................how are you doing?
    ደህና
    dehna ....fine.

cont... *ተፈላጊ ቃል tefelagi qal /useful words.

16. እንደምነህ?
    endmeneh(m)..how are you doing?
       ደህና
       Dehena.. fine

17.   ስንት ሰዓት ነው
      senet seat now?....................................what is the time?
      ከጠዋቱ ሶሥት(3) ሰዓት ነው
      ketewatu sost seat now.........................9:00 am

(Please note -Ethiopian uses time according to day light rather than "am" and pm
for example- (ketewatu arat 4 seat"means 10.00am)

18.   ምሳ እንብላ
      mesa enbela?..............................let's have lunch?
         እሺ
         eshi... okay

19.   ቡና እፈልጋለሁ
        buna efelgalehu ....I want coffee?
        እሺ ቡና አፈላለሁ
        eshi buna afelalehu....................... okay I will make coffee.

20.   ቁርስ ምን አለ?
        qurs meen ale? ....What do you have for breakfast?
        እንቁላል ጥብስ
        enqulale tebs ....fried egg

21.   ሌላስ ምን አለ ለቁርስ?
      lelas meen ale lequrs? ....What else do you have for breakfast?
      የዶሮ ወጥ ፍርፍር
      yedoro wot ferer ....scramble enjera with chicken sauce.

22.   አመሰገናለሁ
      amsegnalehu ....thank you.

23.   ደህና ሁኑ
      dehena hunu........................goodbye!

ክፍል ፫
Part Three

ክፍል ሦስት/Part Three
የሰውነት ክፍሎች /yesewnet kfloch-human body pars.

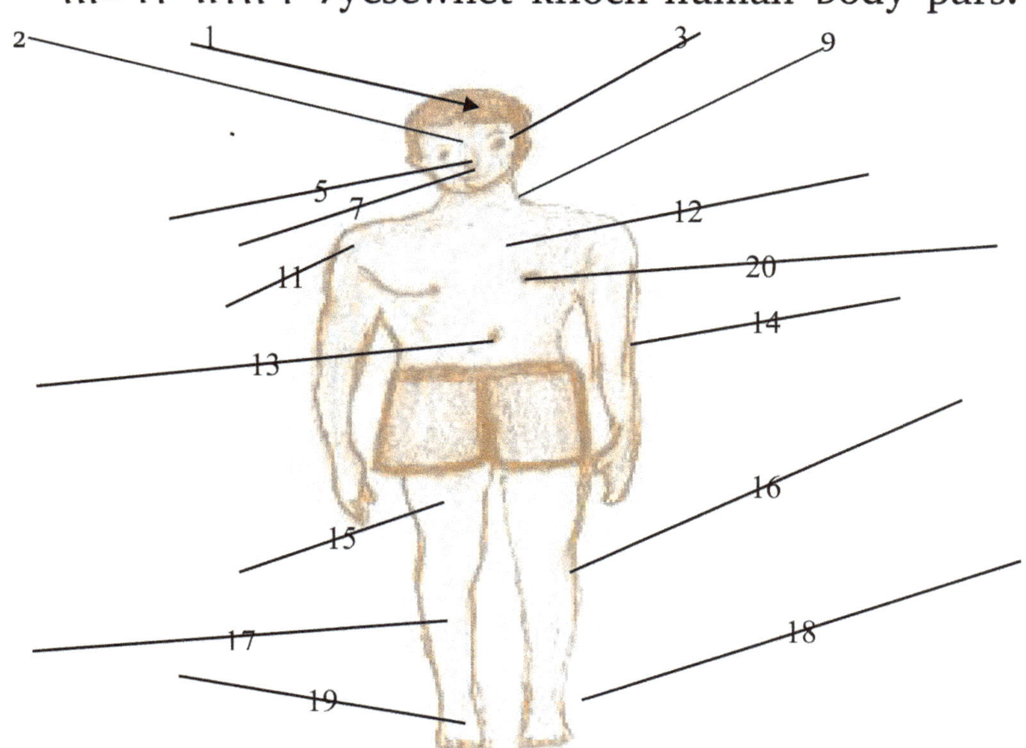

1. ፀጉር/tsegur-hair
2. ግንባር/genbar-forehead
3. ዓይን/ayen-eye
4. ጆሮ/joro-ear
5. አፍንጫ/afencha-nose
6. ጆሮገንድ/jorogend-jaw
7. አፍ/afe-mouth
8. አገጭ/agech-chin
9. አንገት/anget-neck
10. ጉሮሮ/guroro-windpipe
11. ትከሻ/tekesha-shoulder
12. ደረት/dert-chest
13. አንብርት/enbert-navel
14. ክንድ/kned-arm
15. ጭን/chene-thigh
16. ጉልበት/gulbet-knee
17. ቅልጥም/qeletm-leg
18. ቁርጭምጭሚት/qurchmchemit-ankle
19. አግር/eger-foot
20. ጡት/tuteh-breast

የሰውነት ክፍሎች/ yesewnet kfloch - Human body parts

.

Amharic words in human body parts meaning and their pronunciations.

፩-1 ፊት-fit-face

፪-2 ጥርስ-ters-teeth

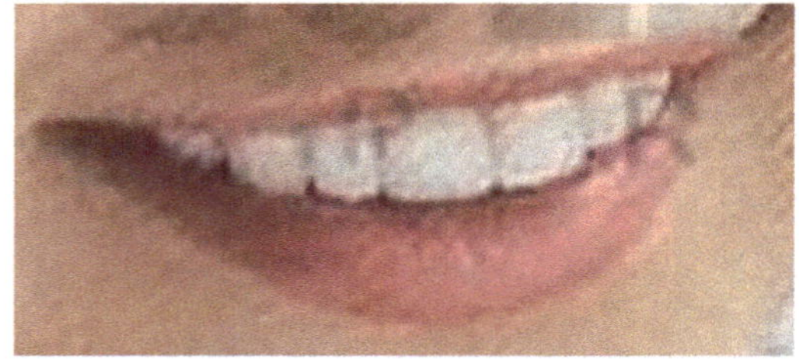

፫-3 ምላስ-melas-tongue

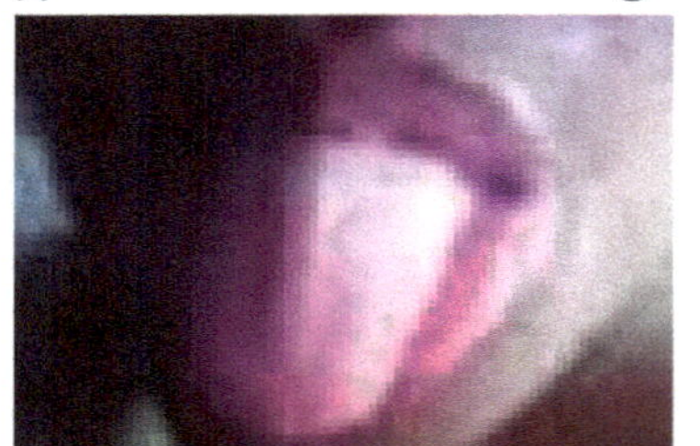

Look at the pictures of human body parts.

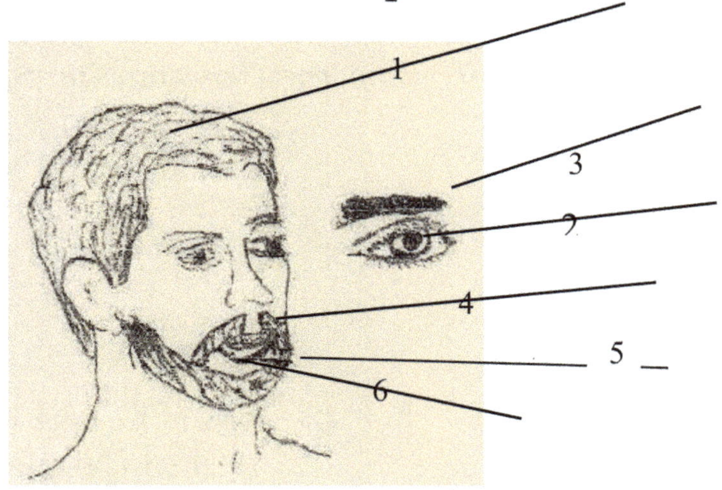

1. ራስ/Ras-head
2. ሽፋል/shefal-eyelash
3. ቅንድብ/qenedeb-eyebrow
4. ሪዝ/riz-mustache
5. ጢም/tim-beard
6. ከንፈር/kenfer-lip
7. አጅ/eje-hand
8. አውራ ጣት/awera tat-thumb
9. ጥፍር/tefer-nail
10. የጥፍር ቀለም/yetefer qelem-nail polish

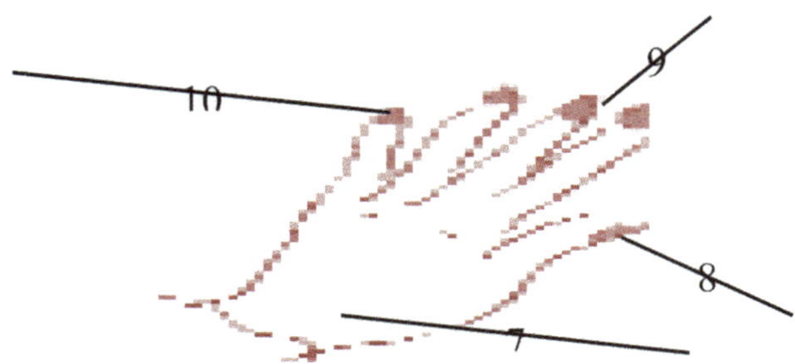

Amharic words in human body parts meaning and their pronunciations.

1. ክርን/kereen-elbow
2. ቂጥ/qit-buttocks
3. ተረከዝ /terkez-heel
4. የግር አውራ ጣት/yegeer awera tat-big toe
5. ብብት /bebt-armpit
7. ጣት/tat-finger

የሰውነት ክፍሎች/ yesewnet kfloch- human body parts.

Amharic words in human body parts meaning and their pronunciations.

1. አፍንጫ/afenecha-nose

2. ክንድ/kend-arm

3. ዓይን/ayen-eye

4. ጣት/tat-finger

5. ራስ/ras-head

6. ጀርባ/jerba-back
7. ሆድ/hod-abdomen
8. እጅ/eje-hand
9. ጆሮ/joro-ear
10. ፀጉር/stegur-hair

11. ክንፈር/kenfer-lip
12. ጥርስ/ters-tooth
13. ግንባር/genbar-forehead
14. አፍ/afe-mouth
15. ፊት/ fit-face

16. ፈስ/fese- passing gas

17. ሽንት/shent-urine

18. አር/aree-feces

19. ላብ/lab-sweat

20. ቅርናት/qernat-odor

Match the Amharic words to English meanings

1. ras-head	1.	ፀጉር
2. tsegur-hair	2.	ራስ
3. genbar-forehead	3.	አንገት
4. gunech-cheek	4.	ጉንጭ
5. angt-neck	5.	አገጭ
6. agech-chin	6.	ግንባር
7. tekesha-shoulder	7.	ክንድ
8. deret-chest	8.	አጅ
9. kend-arm	9.	ሆድ
10. eje-hand	10.	ወገብ
11. hod-abdomen	11.	ጉልበት
12. wegb-waist	12.	ጭን
13. gulbet-knee	13.	ቅልጥም
14. cheen-lap	14.	እግር
15. keltem-leg	15.	ቁርጭምጭሚት
16. eger-foot	16.	የግር አውራ ጣት
17. yeger tatoch-toes	17.	ደረት
18. qurchmchemit-ankle	18.	የግር ጣቶች
19. yeger awra tat-big toe	19.	ፊት
14. fit face	20.	ትከሻ

Find and circle six parts of human body in the square and then draw them in the boxes below.

	1	2	3	4	5	6	7	8
1	ጀ	ር	ጠ	እ	ጀ	ወ	ገ	ብ
2	ት	ከ	ሽ	ግ	አ	ፉ	ን	ሜ
3	ኡ	ፉ	ግ	ር	ጣ	ት	ዘ	ና
4	ፉ	ግ	ይ	ን	ጀ	ር	ብ	አ
5	ሬ	ት	ን	ከ	ን	ፊ	ር	ገ
6	θ	ጉ	ር	እ	ፉ	ቂ	ጥ	ሞ

The words can run left to right and top to bottom.

ምሳሌ/example

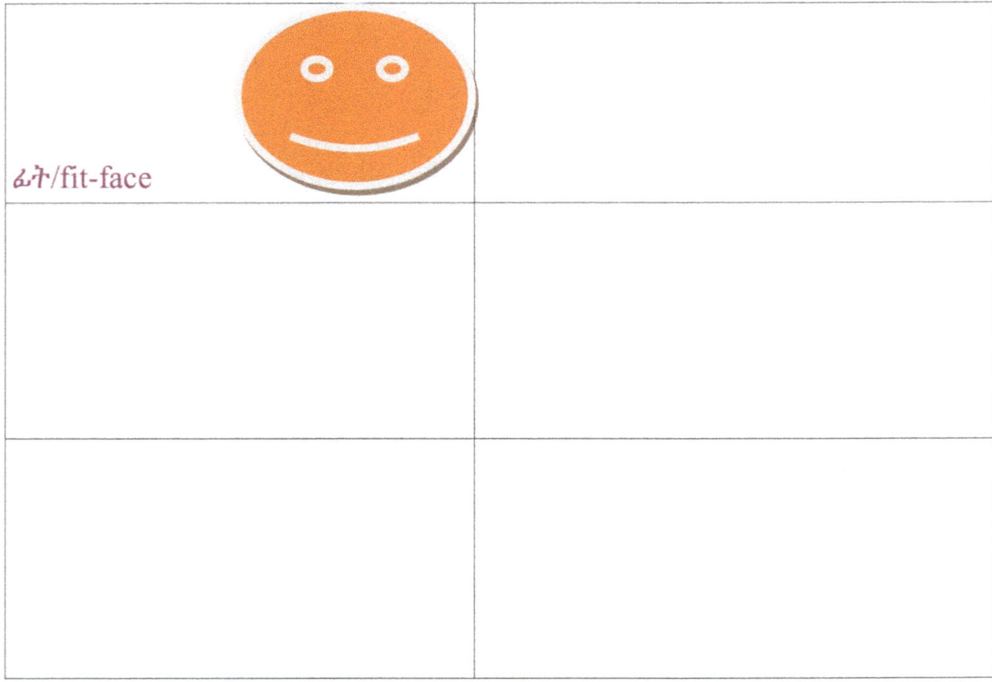

ፊት/fit-face

Fill out the missing Amharic alphabets for human body parts.

1.	አይ.	a.	ፍ
2.	አፍ..	b.	ንፈር
3.	እ.	c.	ር
4.	ከ...	d.	ንጭ
5.	ጅ.	e.	ን
6.	ራ.	f.	ግር
7.	እ.	g.	ርስ
8.	ጠ..	h.	ት
9.	ፊ.	i.	ጉር
10.	አን..	j.	ጅ
11.	እ..	k.	ጉት
12.	ጥ..	l.	ስ
13.	ቁርጭ....	m.	ረክዝ
14.	ተ...	n.	ረት
15.	ዶ...	o.	ምጭማጊት

Look at the pictures meaning and follow Amharic pronunciation.

1. አነር/aner-cheeta

2. ኤሊ/ali-tortoise

Cont... look at the pictures meaning.

4. ፈጣን/fetan-faster

5. ቀርፋፋ/qerfafa-slow

Cont... look at the pictures meaning.

6. ጌጥ/geteh-jewelry

6. ወንድ/wend-man

Cont.... meaning and pronunciation.

7. ሴት/set-woman

8. ቀላል/qelal-light

Cont.... look at the pictures meaning.

9. ከባድ/kebad-heavy

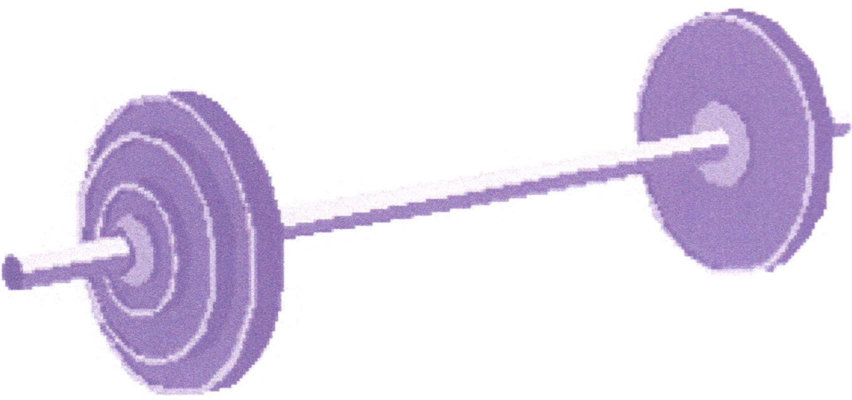

10. ውዱ wood-expensive $1000.00

Cont.... look at the pictures meaning.

11.ርካሽ/rekash-cheep (99ç)

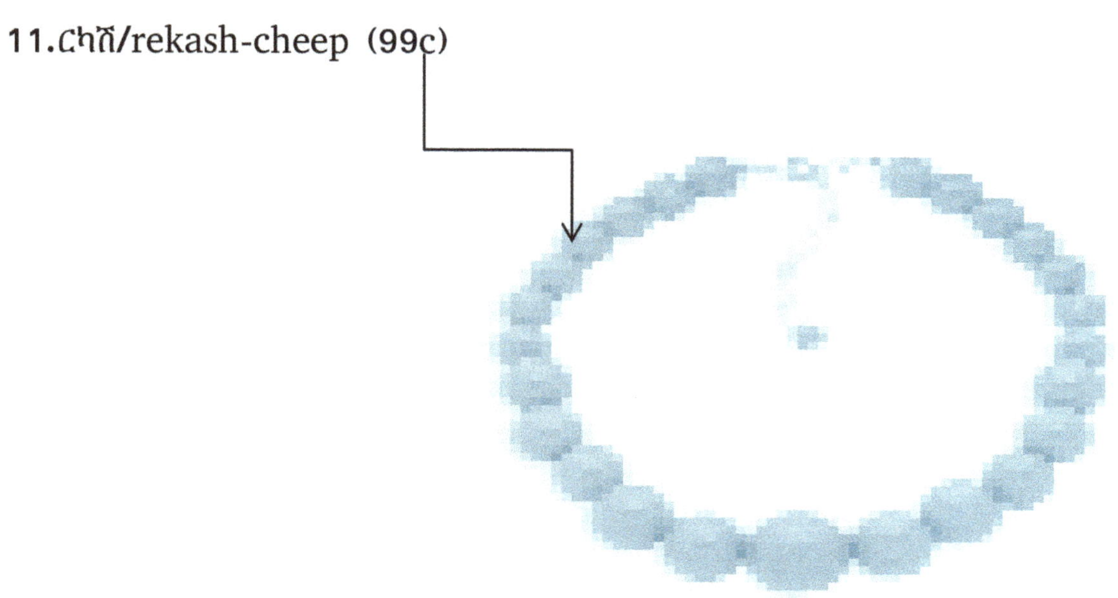

12. ትንሽ/tenesh-small   **13.** ትልቅ/telq-big

Choose the Amharic word that matches the picture and fill in the English word on the line by the picture or under line it.

  1a ውሻ/wesha 1b.በግ/beg 1c ዶሮ/doro

1b.በግ/beg-<u>sheep</u>

1.   99c

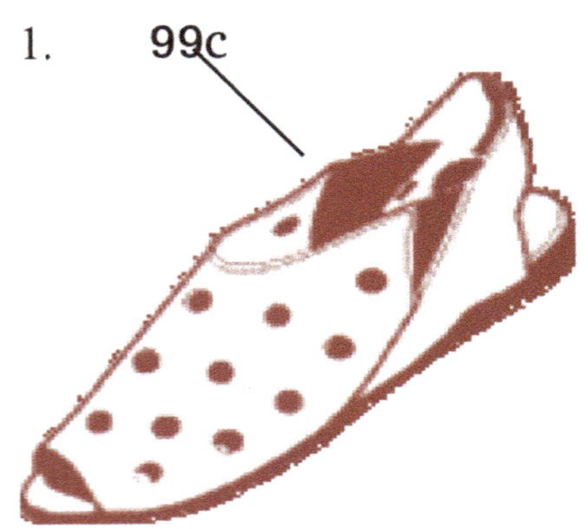

1a. ርካሽ/rekash   1b. ከባድ/kebad   1c. ፈጣን/fetan

Cont.... under line it.

2.

2a ጌጥ/get   2b. ሰው/sew   2c. ከባድ/kebad

3.

3a. ጌጥ/geteh   3b. ጎታታ/gotata   3c. ሰው/sew

Cont.... under line it.

4

4a. ፈጣን/fetan   4b. ከባድ/kebad   4c. አነር/aner

5.

5a. ርካሽ/rekash   5b. ፈጣን/fetan   5c. ጎታታ/gotata

Cont.... under line it.

6.

6a. ከባድ/kebad   6b. ርካሽ/rekash   6c. ፈጣን/fetan

7.

7a. አነር/aner   7b. ጌጥ/geteh   7c. ሰው/sew

Cont.... under line it.

8

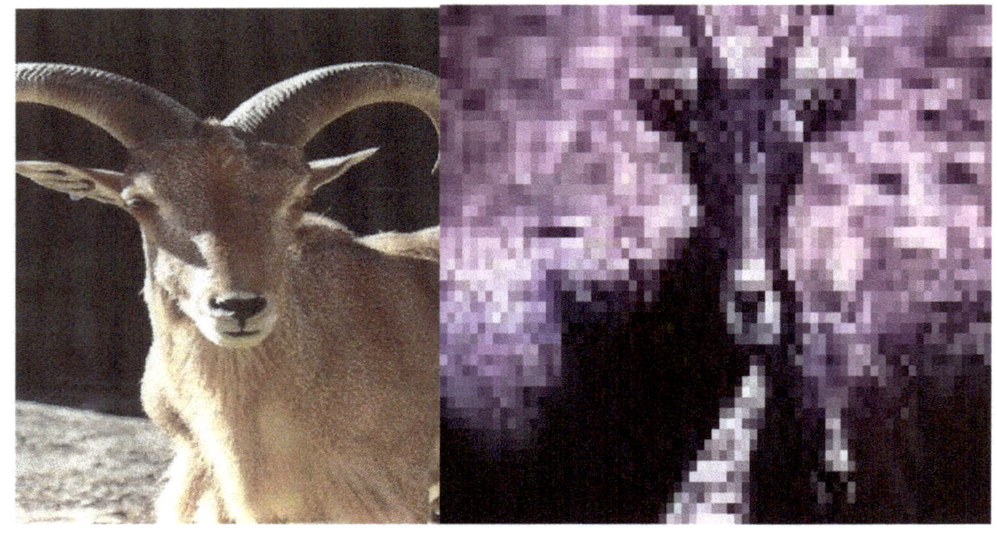

8a በግ/beg   8b. ፍየል/feyel   8c. ጥንቸል/tenchel

9

9a. አህያ/ahya-donkey   9b. ውሻ/wesha-dog   9c ዶሮ/doro-chicken

Cont.... under line it.

10.

10a አውራ ዶሮ/awera doro-roster   **10b** በግ/beg-sheep   **10c** ላም/lam-cow.

11.

11a. ፍየል/feyel-goat   **11b.** ቀለበት/qelebet-ring   **11c,** አነር/ aner-cheeta

የሳምንቱ ቀናት/yesamnetu qenat
The Days of the week
Look at the days of the week and their Amharic pronunciation.

	በአማርኛ - In Amharic	Pronunciation	In English
1-፩	ሰኞ	Segno	Monday
2-፪	ማክሰኞ	Maxsegno	Tuesday
3-፫	ረቡዕ	Robue	Wednesday
4-፬	ሐሙስ	Hamus	Thursday
5-፭	ዓርብ	Areb	Friday
6-፮	ቅዳሜ	Qedamey	Saturday
7-፯	እሁድ	Ehud	Sunday

Dialogue

1.፩ ዛሬ ሰኞ ነው፡፡ zarey segno now

        Today is Monday.

2.፪ ነገ ማክሰኞ ነው፡፡neg maxsegno now

        Tomorrow is Tuesday.

3.፫ ተነጎዲያ ረቡዕ ነው፡፡ tenegodiya rebue now

        The day after tomorrow is Wednesday.

4.፬ ትናትና ሀሙስ ነበር፡፡ tenantna hamus neber

        Yesterday was Thursday.

5.፭ አርብ ማታ ስብሰባ አለ፡፡ areb mata sebsebs ale

        -Friday evening there is a meeting.

6.፮ ቅዳሜ ሠርግ አለ፡፡ qedamey serg ale.

        -on Saturday there is a wedding.

7.፯ አሁድ ጠዋት ቤተ ክርስቲያን እሄዳለሁ፡፡

        ehud tewat bet kerstiyan ehedalehu

        -Sunday morning, I will go to church

Find the Amharic words and connect it to their pronunciation.

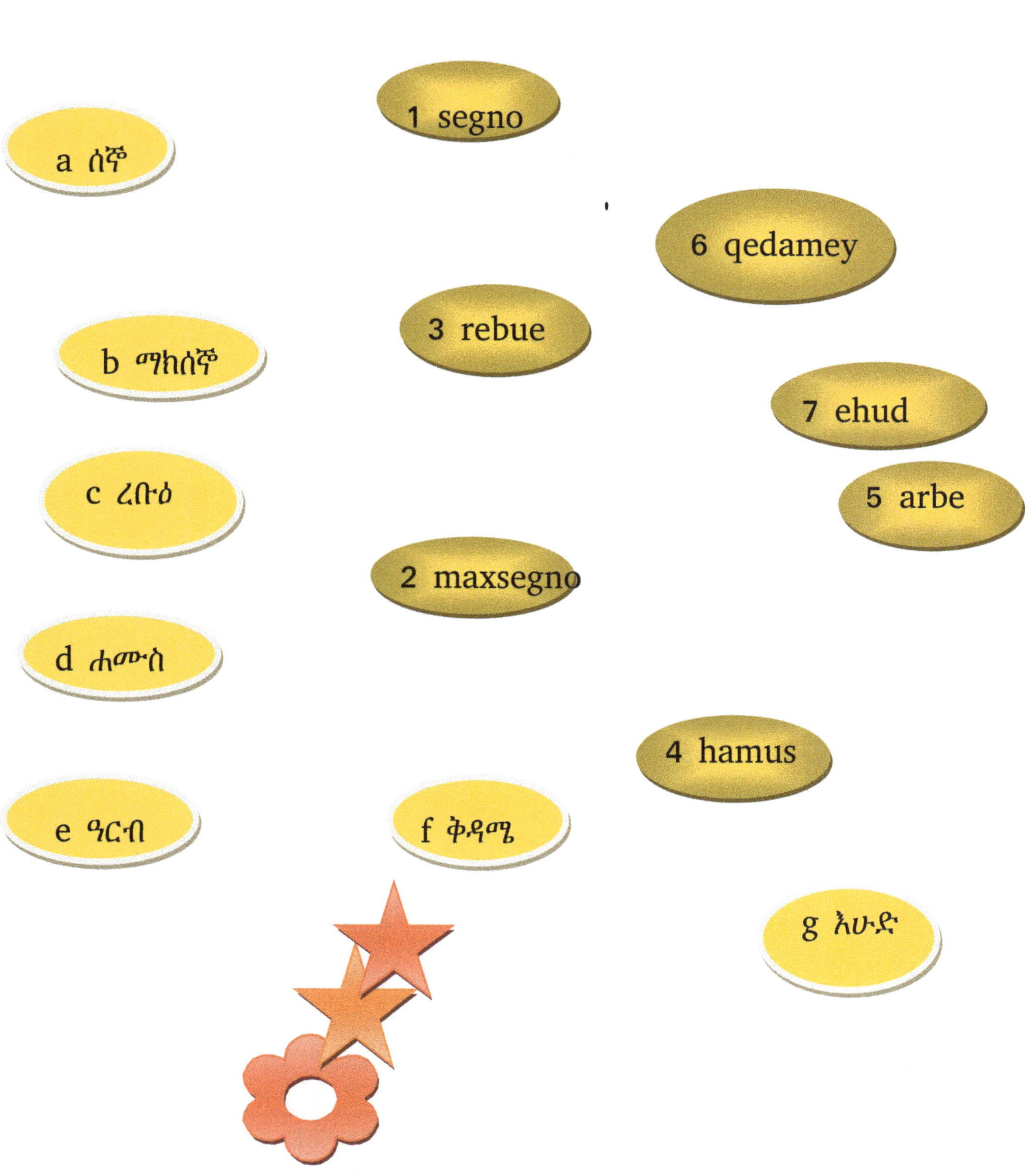

ወራት/werat-months

	በአማርኛ-in Amharic	Pronunciation	Meaning in English
1-፩	መስከረም	Meskerm	September
2-፪	ጥቅምት	Teqemt	October
3-፫	ህዳር	Hdar	November
4-፬	ታህሳስ	tahesas	December
5-፭	ጥር	Tr	January
6-፮	የካቲት	Yekatit	February
7-፯	መጋቢት	Megabit	March
8-፰	ሚያዝያ	Mitazya	April
9-፱	ግንቦት	Genbot	May
10-፲	ሰኔ	Seney	June
11-፲፩	ሐምሌ	Hamley	July
12-፲፪	ነሃሴ	Nehaey	August
13-፲፫	ጳጉሜ	Pagumey	Paguney have 5 or 6 days

Note: according to Ethiopian calendar from September to August each month has thirty days. The remain day goes to thirteen months called Pagumey

Match the months in Amharic words to their pronunciation.

1	meskerem-September	a	መጋቢት
2	hedar-November	b	ጥቅምት
3	yekatit-February	c	የካቲት
4	megabit-March	d	ግንቦት
5.	miyaziya- April	e	ህዳር
6.	teqmet-October	f	ሰኔ
7.	tahsas-December	g	መስከረም
8.	genbot-may	h	ሚያዝያ
9.	hamley-July	I	ነሃሴ-
10.	seney -June	j	ጥር
11.	nehasey-August	k	ጳጉሜ
12.	tr-January	l	ሐምሌ
13.	pagumey-pagumey	m	ታህሳስ

Look at these Amharic words pronunciations and identify which word is belong to months then write in Amharic on given spaces if not put X.

1. teqemet huletegnaw wor now. __________
   ጥቅምት ሁለተኛው ወር ነው፡፡

2. seney zenab ynoral. _______
   ሰኔ ዝናብ ይኖራል፡፡

3. qedamey ena ehud yereft gize now. ________
   ቅዳሜ እና እሁድ የረፍት ጊዜ ነው፡፡

4. pagumey yeametu mecheresha wor now. ________
   ጳጉሜ ያመቱ መጨርረሻ ወር ነው፡፡

5. sostengaw wor man yebalale? __________
   ሦስተኛው ወር ማን ይባላል፡፡

6. ye hulet weroch sem tsaf__________
   የሁለት ወሮች ስም ጻፍ፡፡

7. ter sentegnaw wer now? _________
   ጥር ሰንተኛው ወር ነው፡፡

8. ledeteh/tesh yetegnaw wer lay now? _______
   ልደትህ/ሽ የትኛው ወር ላይ ነው፡፡

9. hameley,nehasey yezeb werat now______
   ሐምሌናነሃሴ የዝናብ ወራት ነው፡፡

10. ye ehetey ledet be miyazya woost now ______
    የእህቴ ልደት በሚያዝያ ውስጥ ነው፡፡

መለማመጃ/exercises

Write in Amharic all the months you think you know?

1	2	3	4	5	6

7	8	9	10	11	12	13

ቀለማት/Qelemat-Colors

Look at the colors and their Amharic meanigs and pronunciations.

1.   አረንጓዴ/arengudey-green

2.   ጥቁር/tequr-black

3.   ቢጫ/bicha-yellow

4.   ሰማያዊ/semayawi-blue

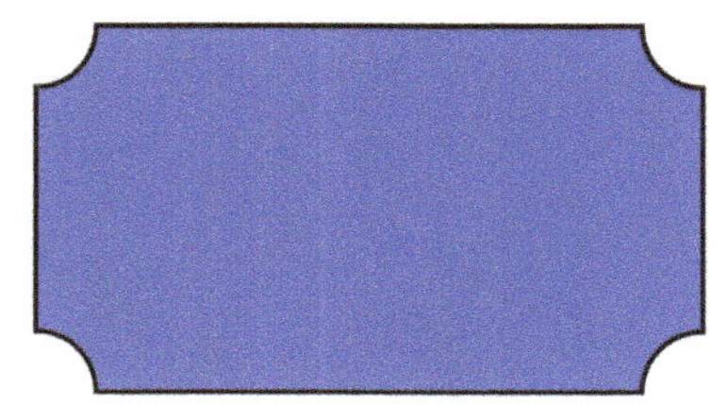

5.   ቀይ/qey-red

6.   ውሃ ሰማያዊ/weha
semayawi-light blue

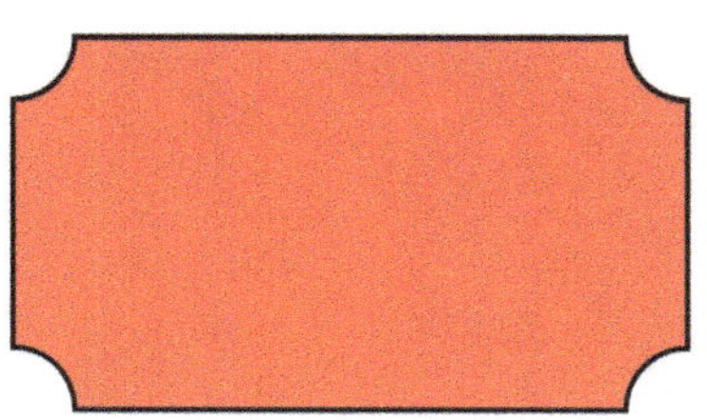

7.   ጥቁር ቀይ/tequr qey-dark red

8.   ግራጫ/gracha-gray

Note: *Due to printing outcome, colors may be slightly different.*

Cont... meaning and pronunciation.

9.   ቡናማ/bunama-brown

10.   ብርማ/berma-siliver

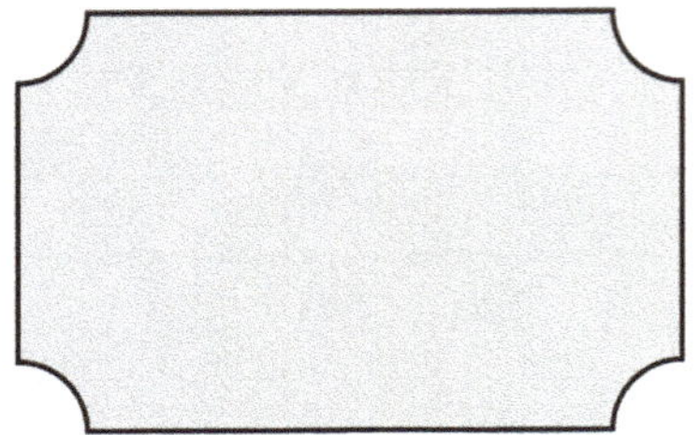

11   ብርቱካን/bertukan-orange

12.   ነጭ/nech-white

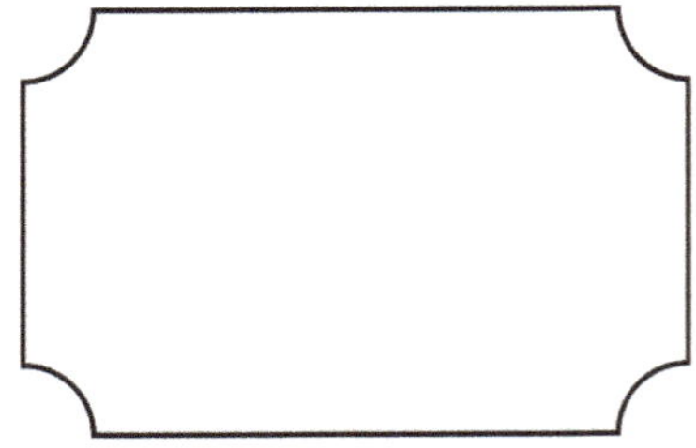

13.   ሃምራዊ/hamrawi-rose

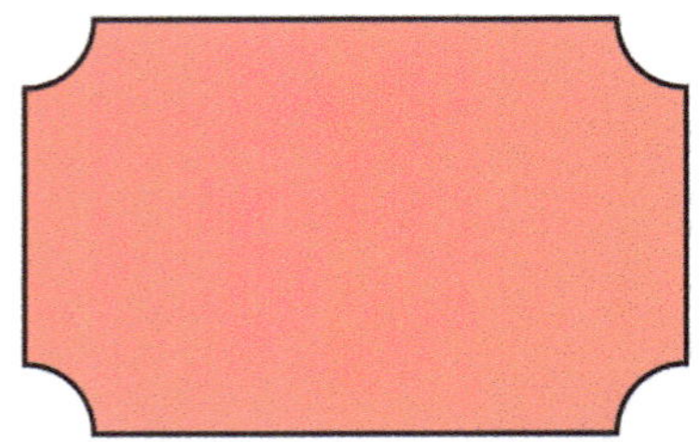

14   ወይን ጠጅ weyen tej-purple

15. ወርቅማ/werqma-gold

16.   ውጥኔ/weteney-brighter orange

Note: *Due to printing outcome, colors may be slightly different.*

Cont... . meaning and pronunciation.

17. ጥቁር ሰማያዊ/tequr semayawi-dark blue

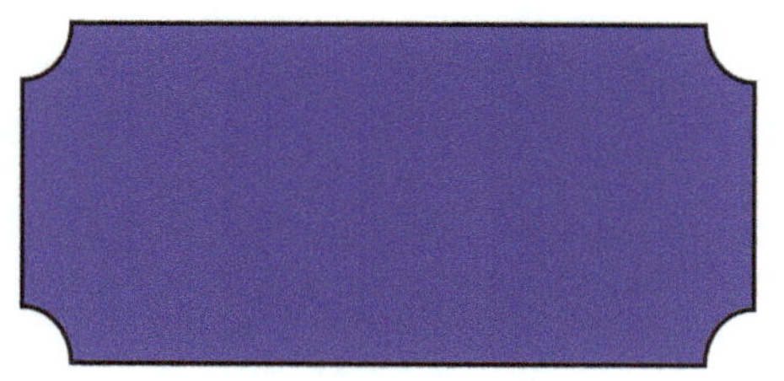

18. ነጣ ያለ ቢጫ/neta yal bicha-light yellow

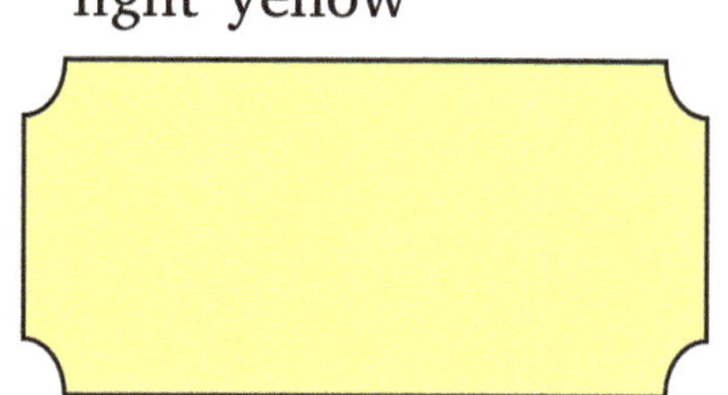

19. ነጣ ያለ ወይን ጠጅ/neta yal weyn tej-violet

20. ነጣ ያለ አርንጓዴ/neta yal arenguwadey-light-green

15. ጎመኔ/Gomeny/mustard green

22. ነጠብጣብ.nrtebtab-polkbot

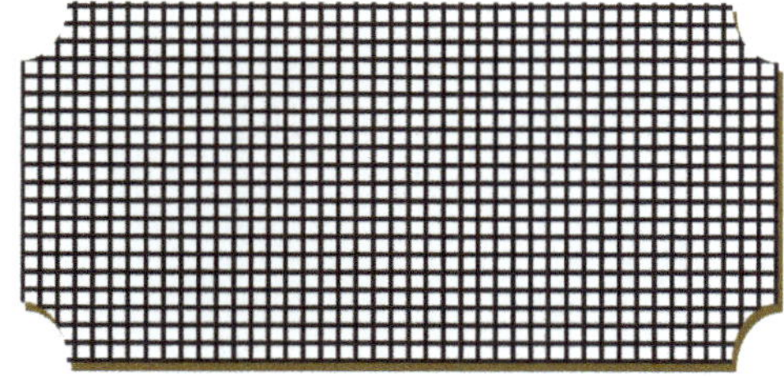

23 ጅንጉርጉር/ jngurgu- Multicolor

24. ሰረዝ ሰረዝ

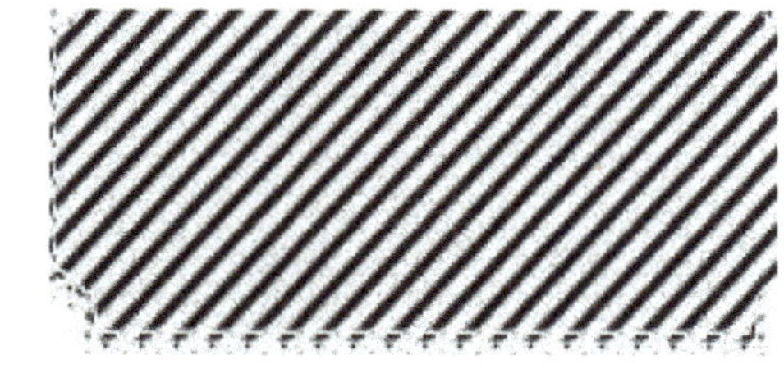

Note: *Due to printing outcome, colors may be slightly different.*

Match the Amharic word in color to English meaning.

1. ሰማያዊ/blue   a. hamerawi

2. ጥቁር/ black   b. bicha

3. ቀይ/red   c. weha semayawi

4. ሃምራዊ/rose   d. weyn tej

5. ቢጫ/yellow   e. bunama

6. አረንጓዴ/green   f. semayawi

7. ውሃ ሰማያዊ/light blue   g. tequr

8 ወይን ጠጅ/purple   h. nech

9. ቡናማ/brown   i. geracha

10. ብርማ/siliver   j. tequr qey

11. ነጭ/white   k. weteney

12. ብርቱካን/Orange   l. berma

13. ውጤ/bright orange   m. qey

14. ጥቁር ቀይ/dark red   n. arenguwadey

15. ግራጫ /gray   o. bertukan

Look at the colors of the flag and their Amharic pronunciations.

ኢትዮጵያ ባንዲራ/ Ethiopia   የተባበሩት አሜሪካ ግዛቶች ባንዲራ/U.S.A

1. የኢትዮጵያ ባንዲራ ቀለማት ye Ethiopia bandira qelemat
   Ethiopian flag colors are.

a/ አረንጓዴ/arenguwadey- green

b/ ቢጫ/bicha-yellow

c/ ቀይ-qey- red ናቸው/nachew

2. የአሜሪካን ባንዲራ ቀለማት/ye American bandira qelmat
   American flag colors are

a/ ነጭ/nech-white

b/ ቀይ/qey-red

c/ ጥቁር ሰማያዊ/tequr semayawi-dark blue ናቸው/nachew

Find the Ethiopian and American Flag-color words in the box below. See how many new words you can find and log them.

	1	2	3	4	5	6	7	8	9
1	ቀ	ለ	ም	አ	ረ	ኝ	ኝ	ዮ	ከ
2	ነ	ዏ	ፐ	ረ	አ	ሚ	ሪ	ካ	ቢ
3	አ	ሰ	ቁ	ን	ማ	ኢ	አ	ቢ	ዌ
4	ፉ	ሜ	ር	ኝ	ቀ	ት	ሜ	ቀ	ይ
5	ሪ	ን	ሰ	ዮ	ይ	ዉ	ሪ	ም	ሳ
6	ከ	ሣ	ማ	ረ	ኝ	ጽ	ከ	ሰ	ት
7	ፉ	ለ	ያ	ለ	ጠ	ይ	ም	ሪ	ቅ
8	ም	ኝ	ዊ	ሰ	ሜ	ን	ፐ	ቅ	ጋ
9	ፐ	ቁ	ር	ሰ	ማ	ይ	ዊ	ቀ	ይ
10	ነ	ቃ	ነ	ዏ	በ	ን	ዴ	ራ	ፐ

1 ________________________

2. ________________________

3. ________________________

4. ________________________

5. ________________________

ማመሳከሪያ

mamesakeriya

corroborate

ተራ	1	2	3	4	5	6	7
1	ሀ	ሁ	ሂ	ሃ	ሄ	ህ	ሆ
2	ለ	ሉ	ሊ	ላ	ሌ	ል	ሎ
3	ሐ	ሑ	ሒ	ሓ	ሔ	ሕ	ሖ
4	መ	ሙ	ሚ	ማ	ሜ	ም	ሞ
5	ሰ	ሱ	ሲ	ሳ	ሴ	ስ	ሶ
6	መ	ሙ	ሚ	ማ	ሜ	ም	ሞ
7	ሠ	ሡ	ሢ	ሣ	ሤ	ሥ	ሦ
8	ሸ	ሹ	ሺ	ሻ	ሼ	ሽ	ሾ
9	ቀ	ቁ	ቂ	ቃ	ቄ	ቅ	ቆ
10	በ	ቡ	ቢ	ባ	ቤ	ብ	ቦ
11	ተ	ቱ	ቲ	ታ	ቴ	ት	ቶ
12	ቸ	ቹ	ቺ	ቻ	ቼ	ች	ቾ
13	ኀ	ኁ	ኂ	ኃ	ኄ	ኅ	ኆ
14	ነ	ኑ	ኒ	ና	ኔ	ን	ኖ
15	ኘ	ኙ	ኚ	ኛ	ኜ	ኝ	ኞ
16	አ	ኡ	ኢ	ኣ	ኤ	እ	ኦ
17	ከ	ኩ	ኪ	ካ	ኬ	ክ	ኮ
18	ኸ	ኹ	ኺ	ኻ	ኼ	ኽ	ኾ
19	ወ	ዉ	ዊ	ዋ	ዌ	ው	ዎ
20	ዐ	ዑ	ዒ	ዓ	ዔ	ዕ	ዖ
21	ዘ	ዙ	ዚ	ዛ	ዜ	ዝ	ዞ
22	ዠ	ዡ	ዢ	ዣ	ዤ	ዥ	ዦ
23	የ	ዩ	ዪ	ያ	ዬ	ይ	ዮ
24	ደ	ዱ	ዲ	ዳ	ዴ	ድ	ዶ
25	ጀ	ጁ	ጂ	ጃ	ጄ	ጅ	ጆ
26	ገ	ጉ	ጊ	ጋ	ጌ	ግ	ጎ
27	ጠ	ጡ	ጢ	ጣ	ጤ	ጥ	ጦ
28	ጨ	ጩ	ጪ	ጫ	ጬ	ጭ	ጮ
29	ጸ	ጹ	ጺ	ጻ	ጼ	ጽ	ጾ
30	ፀ	ፁ	ፂ	ፃ	ፄ	ፅ	ፆ
31	ፈ	ፉ	ፊ	ፋ	ፌ	ፍ	ፎ
32	ፈ	ፉ	ፊ	ፋ	ፌ	ፍ	ፎ
33	ፐ	ፑ	ፒ	ፓ	ፔ	ፕ	ፖ

Match the Amharic script to the Amharic pronunciations.

1. ቤት   **1.** autobuse/bus

2. አውቶቡስ   2 megebbet/restaurant

3 ባቡር   3 bet/house

4 ምግብ ቤት   4 babure/train

5. ብስክሌት   5 besklet/bicycle

6 ሱቅ   6 taxi/taxi

7 ታክሲ   7 suq/shop

8 ሲኒማ ቤት   8 hotel/hotel

9 መንገድ   9 temhrtbet/school

10 ትምህርት ቤት   10 meneged/road

11 መኪና   11 cinema bet/movie house

12 ሆቴል   12 mekina/car

13 የነጁው ቡታ   13 mekina maqomia /parking garage

14 ጎማ   14.gabina(driver post)front

15የመኪና መቆሚያ   15.goma/tire

ገጽ page 8

Match the Amharic script to the Amharic pronunciations.

1 temhert bet/school   1 ባቡር

2 ሱቅ   2 ትምህርት ቤት

3.babur/train   3. suq/shop

4.meneged/road   4. mekina/car

5.መኪና   5 ቤት

6.bet/house   6 መንገድ

7 cinima bet/movie house   7 ቡና ቤት

8.ሻይ ቤት   8 ሲኒማ ቤት

9 buna bet/coffee house   9. Dabo bet/bakery.

10 ዳቦ ቤት   10 shay bet/tea house

ገጽ/page 9

choose the Amharic word that matches the picture..

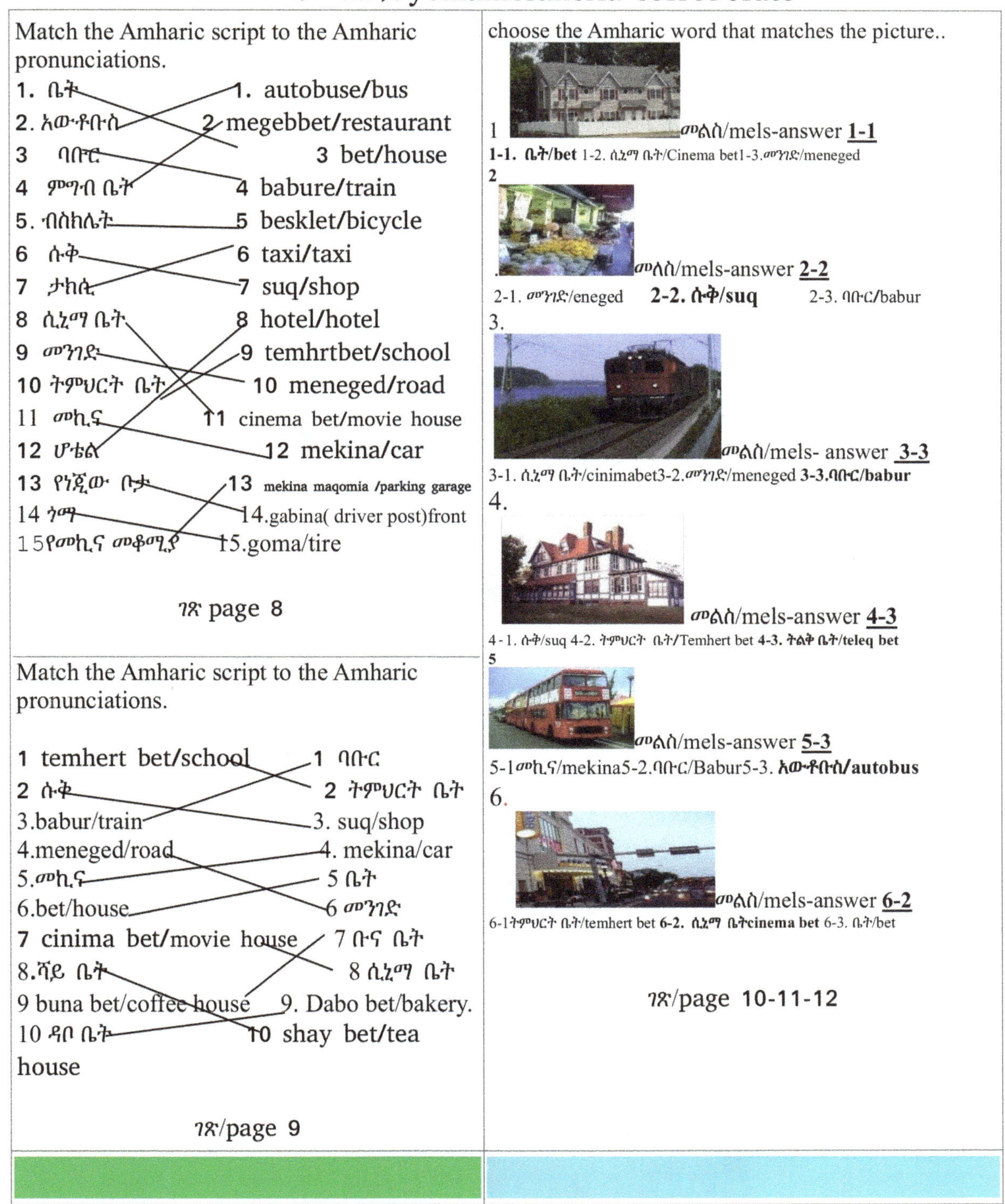

1 *መልስ*/mels-answer **1-1**

1-1. ቤት/**bet** 1-2. ሲኒማ ቤት/Cinema bet 1-3.*መንገድ*/meneged

2 *መልስ*/mels-answer **2-2**

2-1. *መንገድ*/eneged   **2-2. ሱቅ/suq**   2-3. ባቡር/babur

3. *መልስ*/mels- answer **3-3**

3-1. ሲኒማ ቤት/cinimabet 3-2.*መንገድ*/meneged **3-3.ባቡር/babur**

4. *መልስ*/mels-answer **4-3**

4 - 1. ሱቅ/suq 4-2. ትምህርት ቤት/Temhert bet **4-3. ትልቅ ቤት/teleq bet**

5 *መልስ*/mels-answer **5-3**

5-1*መኪና*/mekina 5-2.ባቡር/Babur 5-3. **አውቶቡስ/autobus**

6. *መልስ*/mels-answer **6-2**

6-1ትምህርት ቤት/temhert bet **6-2. ሲኒማ ቤት cinema bet** 6-3. ቤት/bet

ገጽ/page 10-11-12

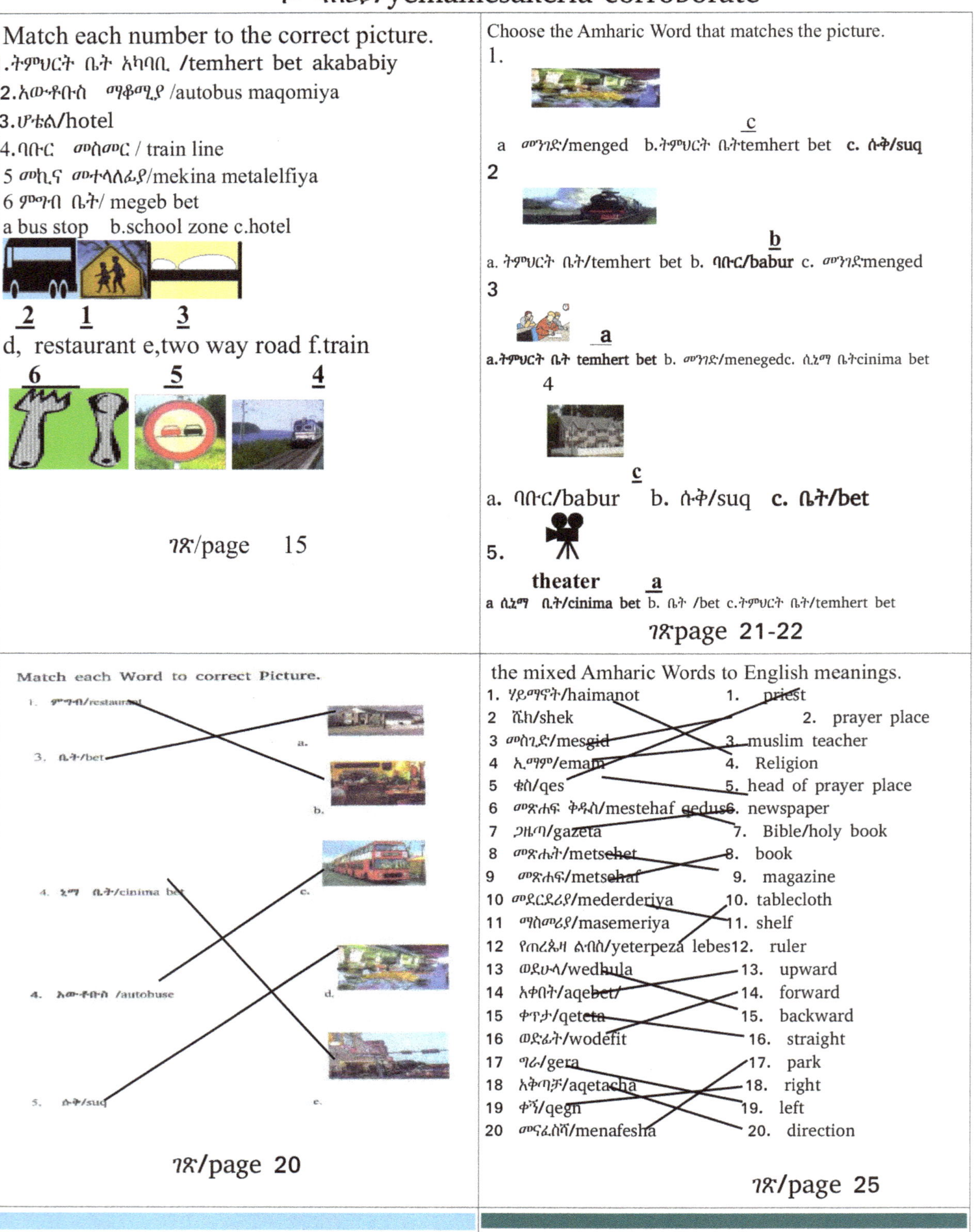

Match each number to the correct picture.
1.ትምህርት ቤት አካባቢ /temhert bet akababiy
2.አውቶቡስ ማቆሚያ /autobus maqomiya
3.ሆቴል/hotel
4.ባቡር መስመር / train line
5 መኪና መተላለፊያ/mekina metalelfiya
6 ምግብ ቤት/ megeb bet
a bus stop   b.school zone c.hotel
2   1   3
d, restaurant e,two way road f.train
6   5   4
ገጽ/page   15

Choose the Amharic Word that matches the picture.
1.
c
a መንገድ/menged   b.ትምህርት ቤትtemhert bet   c. ሱቅ/suq
2
b
a. ትምህርት ቤት/temhert bet b. ባቡር/babur c. መንገድmenged
3
a
a.ትምህርት ቤት temhert bet b. መንገድ/menegedc. ሲኒማ ቤትcinima bet
4
c
a. ባቡር/babur   b. ሱቅ/suq   c. ቤት/bet
5.
theater   a
a ሲኒማ ቤት/cinima bet b. ቤት /bet c.ትምህርት ቤት/temhert bet
ገጽpage 21-22

Match each Word to correct Picture.
1. ምግብ/restaurant
3. ቤት/bet
a.
b.
4. ኒማ ቤት/cinima bet
c.
4. አውቶቡስ /autobuse
d.
5. ሱቅ/suq
e.
ገጽ/page 20

the mixed Amharic Words to English meanings.
1. ሃይማኖት/haimanot   1.   priest
2 ሼክ/shek   2.   prayer place
3 መስጊድ/mesgid   3. muslim teacher
4 ኢማም/emam   4.   Religion
5 ቄስ/qes   5. head of prayer place
6 መጽሐፍ ቅዱስ/mestehaf gedus6. newspaper
7 ጋዜጣ/gazeta   7. Bible/holy book
8 መጽሐት/metsehet   8. book
9 መጽሐፍ/metsehaf   9. magazine
10 መደርደሪያ/mederderiya   10. tablecloth
11 ማስመሪያ/masemeriya   11. shelf
12 የተረጴዛ ልብስ/yeterpeza lebes12. ruler
13 ወደሁላ/wedhula   13. upward
14 አቀበት/aqebet/   14. forward
15 ቀጥታ/qeteta   15. backward
16 ወድፊት/wodefit   16. straight
17 ግራ/gera   17. park
18 አቀታቻ/aqetacha   18. right
19 ቀኝ/qegn   19. left
20 መናፈሻ/menafesha   20. direction
ገጽ/page 25

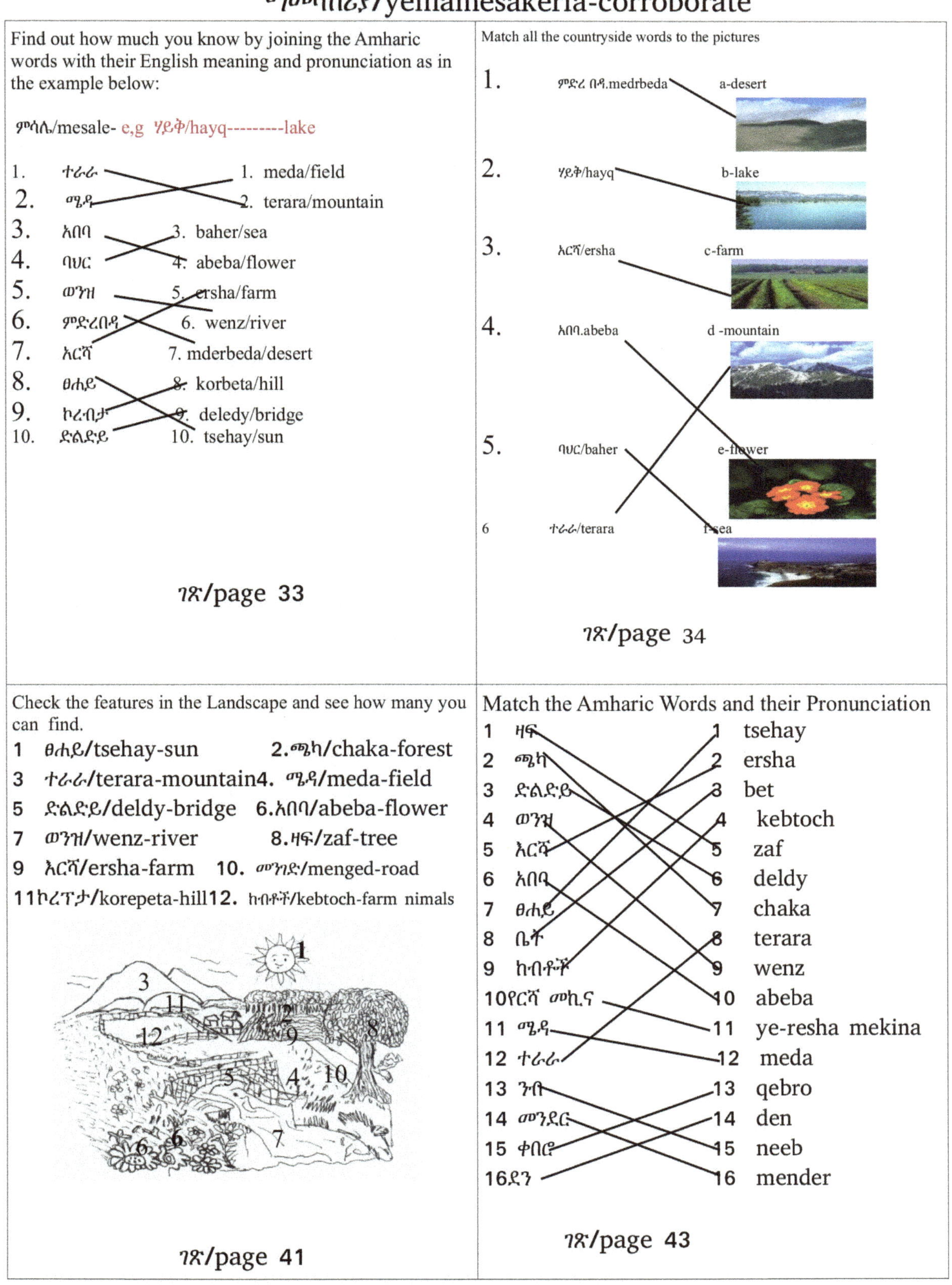

Find out how much you know by joining the Amharic words with their English meaning and pronunciation as in the example below:

ምሳሌ/mesale- e,g ሃይቅ/hayq--------lake

1. ተራራ   1. meda/field
2. ሜዳ   2. terara/mountain
3. አበባ   3. baher/sea
4. ባህር   4. abeba/flower
5. ወንዝ   5. ersha/farm
6. ምድረበዳ   6. wenz/river
7. አርሻ   7. mderbeda/desert
8. ፀሐይ   8. korbeta/hill
9. ኮረብታ   9. deledy/bridge
10. ድልድይ   10. tsehay/sun

ገጽ/page 33

Match all the countryside words to the pictures

1. ምድረ በዳ.medrbeda   a-desert
2. ሃይቅ/hayq   b-lake
3. አርሻ/ersha   c-farm
4. አበባ.abeba   d -mountain
5. ባህር/baher   e-flower
6 ተራራ/terara   f-sea

ገጽ/page 34

Check the features in the Landscape and see how many you can find.
1 ፀሐይ/tsehay-sun   2.ጫካ/chaka-forest
3 ተራራ/terara-mountain 4. ሜዳ/meda-field
5 ድልድይ/deldy-bridge   6.አበባ/abeba-flower
7 ወንዝ/wenz-river   8.ዛፍ/zaf-tree
9 አርሻ/ersha-farm   10. መንገድ/menged-road
11ኮረፐታ/korepeta-hill 12. ከብቶች/kebtoch-farm nimals

3 11 12 2 9 8 5 4 10 1 6 6 7

ገጽ/page 41

Match the Amharic Words and their Pronunciation
1 ዛፍ   1 tsehay
2 ጫካ   2 ersha
3 ድልድይ   3 bet
4 ወንዝ   4 kebtoch
5 እርሻ   5 zaf
6 አበባ   6 deldy
7 ፀሐይ   7 chaka
8 ቤት   8 terara
9 ከብቶች   9 wenz
10የርሻ መኪና   10 abeba
11 ሜዳ   11 ye-resha mekina
12 ተራራ   12 meda
13 ንብ   13 qebro
14 መንደር   14 den
15 ቀብሮ   15 neeb
16ደን   16 mender

ገጽ/page 43

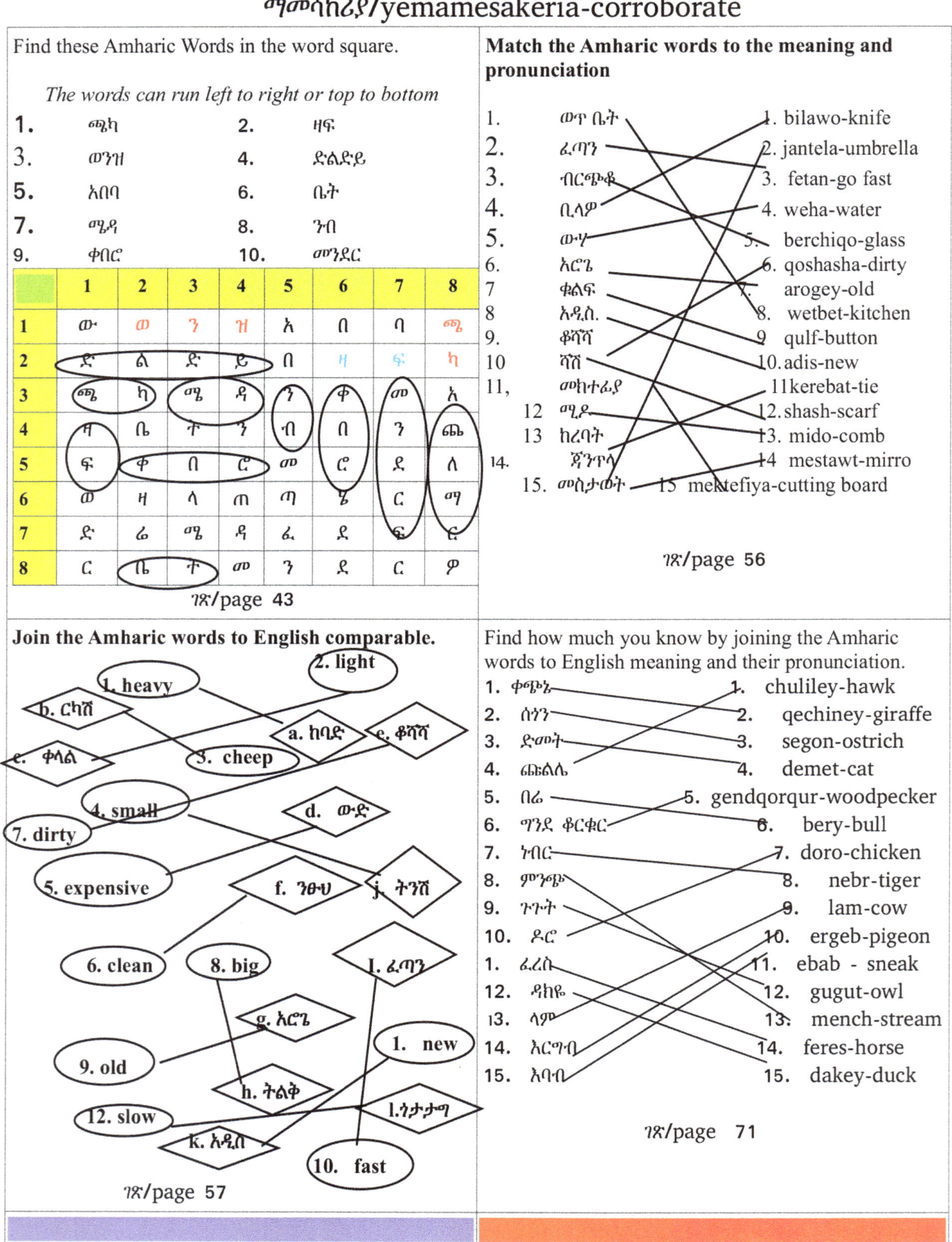

Find these Amharic Words in the word square.

The words can run left to right or top to bottom

1. ጭላካ 2. ዛፍ
3. ወንዝ 4. ድልድይ
5. አበባ 6. ቤት
7. ሟዳ 8. ንብ
9. ቀበር 10. መንደር

	1	2	3	4	5	6	7	8
1	ው	ወ	ን	ዝ	አ	በ	ባ	ጭ
2	ድ	ል	ድ	ይ	በ	ዝ	ፍ	ካ
3	ጭ	ካ	ሟ	ዳ	ን	ቀ	መ	አ
4	ጣ	ቤ	ት	ነ	ብ	በ	ን	ጨ
5	ፍ	ቀ	በ	ር	መ	ር	ደ	ለ
6	ወ	ዘ	ላ	ጠ	ጣ	ፘ	ር	ማ
7	ድ	ሬ	ሟ	ዳ	ፈ	ደ	?	?
8	ር	ቤ	ች	መ	ን	ደ	ር	ዋ

ገጽ/page 43

Match the Amharic words to the meaning and pronunciation

1. ወጥ ቤት
2. ፈጣን
3. ብርጭቆ
4. ቢላዋ
5. ውሃ
6. አሮጌ
7. ቁልፍ
8. አዲስ
9. ቆሻሻ
10. ሻሽ
11. መከተሪያ
12. ሚዶ
13. ከረባት
14. ጃንጥላ
15. መስታወት

1. bilawo-knife
2. jantela-umbrella
3. fetan-go fast
4. weha-water
5. berchiqo-glass
6. qoshasha-dirty
7. arogey-old
8. wetbet-kitchen
9. qulf-button
10. adis-new
11. kerebat-tie
12. shash-scarf
13. mido-comb
14. mestawt-mirro
15. mektefiya-cutting board

ገጽ/page 56

Join the Amharic words to English comparable.

1. heavy
2. light
3. cheep
4. small
5. expensive
6. clean
7. dirty
8. big
9. old
10. fast
12. slow

a. ከባድ
b. ርካሽ
c. ቆሻሻ
d. ውድ
e. ቀላል
f. ንጹህ
g. አሮጌ
h. ትልቅ
j. ትንሽ
k. አዲስ
l. ነጣታግ

1. new

ገጽ/page 57

Find how much you know by joining the Amharic words to English meaning and their pronunciation.

1. ቀጭኔ
2. ሰጎን
3. ድመት
4. ጪኮልሊ
5. በሬ
6. ግንደ ቆርቁር
7. ኮበሮ
8. ምንጭ
9. ጉጉት
10. ዶሮ
11. ፈረስ
12. ዳከዬ
13. ላም
14. እርግብ
15. እባብ

1. chuliley-hawk
2. qechiney-giraffe
3. segon-ostrich
4. demet-cat
5. gendqorqur-woodpecker
6. bery-bull
7. doro-chicken
8. nebr-tiger
9. lam-cow
10. ergeb-pigeon
11. ebab - sneak
12. gugut-owl
13. mench-stream
14. feres-horse
15. dakey-duck

ገጽ/page 71

ማመሳከርያmamesakeria-corroborate

Find out which Amharic word does not fit the group.
*as in the example * ሰው/sew-አርሻ/ersha-ሜዳ/meda

	υ		ለ	ሐ	
1					υ
	ህ/በር-ber		ለ/በሬ-berey	ሐ/ላም-lam	
2					ለ
	ህ/ፍየል-feyel		ለ/ነበር-neber	ሐ/በግ-beg	
3					υ
	ህ/ድመት-dmet		ለ/ዶሮ-doro	ሐ/ዳከዬ-dakey	
4					ሐ
	ህ/አሀያ-aheya		ለ/ፈረስ-feres	ሐ/አንበሳ-anbesa	
5					ሐ
	ህ/አሳማ-asama		ለ/ጥንቸልTenechel	ሐ/አይጥ-ayet	
6					ሐ
	ህ/ሴት-set		ለ/ወንድ-wend	ሐ/ድብ-deb	
7					ሐ
	ህ/ሙዝ-muz		ለ/ወይን-weyen	ሐ/ዝሆን-zehon	
8					ሐ
	ህ/ቀሚስ-qemis		ለ/ሱሪ-sori	ሐ/መንገድ-eneged	
9					υ
	ህ/መኪና-kina		ለ/አውቶቡስ-tobus	ሐ/ሎሚ-lomi	
10					ሐ
	ህ/እርሳስ-eresas		ለ/በዕር-beear	ሐ/ሳህን-sahen	

ገጽ/page 75

if you can find these words in the word box.
The words can run left to right or top to bottom.

1.በሬ/berey   5. እንቁራሪት/enqurarit
2.ጦጣ/Totah   6. ላም/lam
3.በግ/beg   7. ዶሮ/doro
4.ተጃ/teja   8. ጥንቸል/tenchel

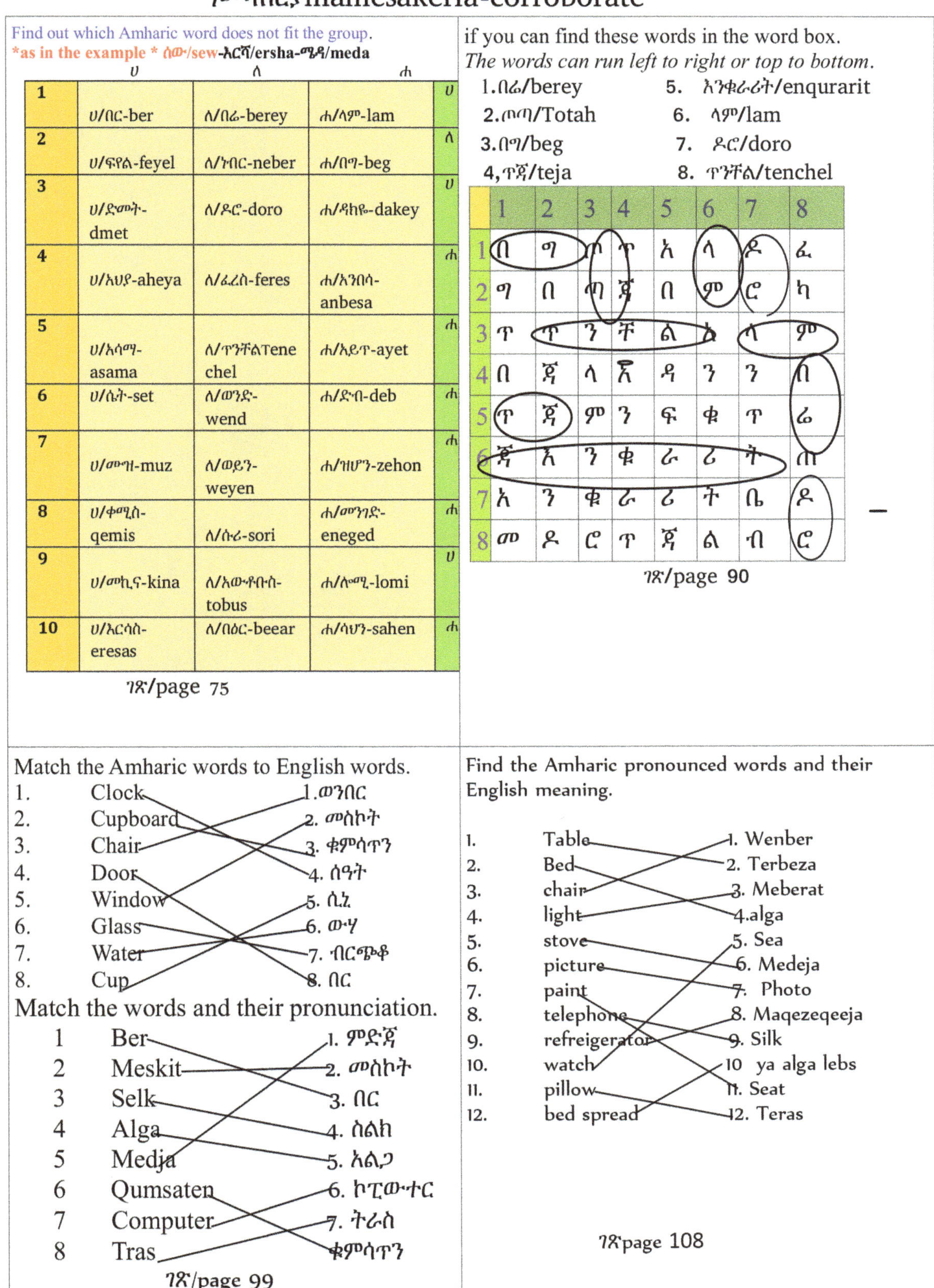

ገጽ/page 90

Match the Amharic words to English words.
1. Clock   1.ወንበር
2. Cupboard   2. መስኮት
3. Chair   3. ቁምሳጥን
4. Door   4. ሰዓት
5. Window   5. ሲኒ
6. Glass   6. ውሃ
7. Water   7. ብርጭቆ
8. Cup   8. በር

Match the words and their pronunciation.
1. Ber   1. ምድጃ
2. Meskit   2. መስኮት
3. Selk   3. በር
4. Alga   4. ስልክ
5. Medja   5. አልጋ
6. Qumsaten   6. ኮፒዉተር
7. Computer   7. ትራስ
8. Tras   ቁምሳጥን

ገጽ/page 99

Find the Amharic pronounced words and their English meaning.

1. Table   1. Wenber
2. Bed   2. Terbeza
3. chair   3. Meberat
4. light   4.alga
5. stove   5. Sea
6. picture   6. Medeja
7. paint   7. Photo
8. telephone   8. Maqezeqeeja
9. refreigerator   9. Silk
10. watch   10 ya alga lebs
11. pillow   11. Seat
12. bed spread   12. Teras

ገጽpage 108

ማመሳከሪያ/yemamesakeria-corroborate

Decide where the house hold items should go. Then write the correct numbers by the picture,as in the example.

ምሳሌ/mesaley-example*6 ስልክ-i

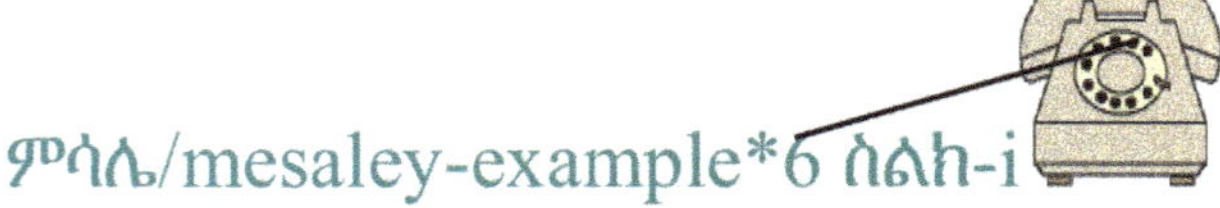

1 አልጋ-g 2 በር-a 3.መስኮት-k 4. ወንበር-b 5.ኮፒውተር-j 6* ስልክ-i

7 ማቀዝቀዣ-e 8 ምድጃ-f 9 ሶፋ-l 10.ጠረጴዛ-c 11ቴለቪዥን-d 12 ሰዓት-h

a.

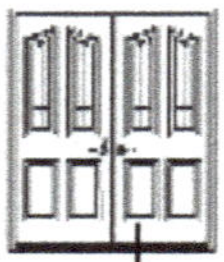

2

b.

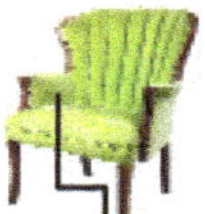

4

c.

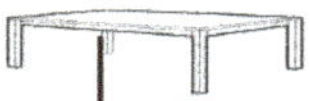

10

d.

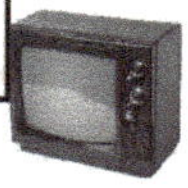

11

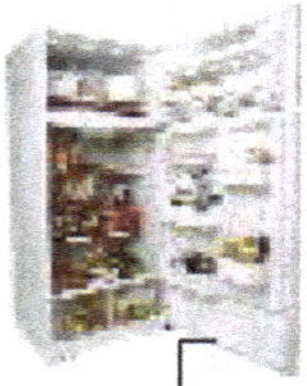

7 e

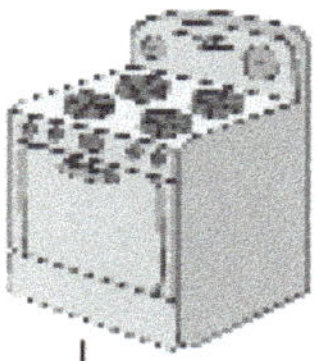

8-f

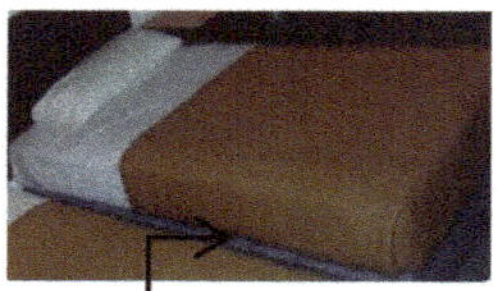

1-g

h.

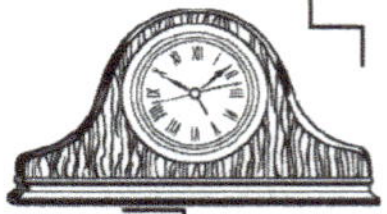

12

6

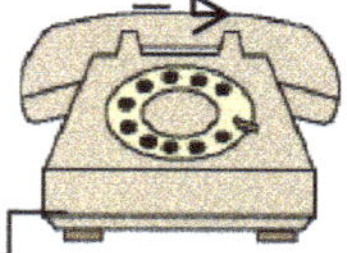

i.example

k 3

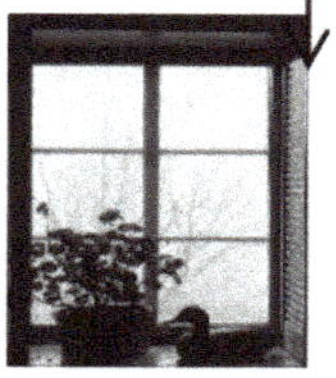

l. 9

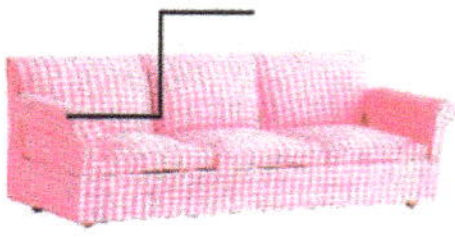

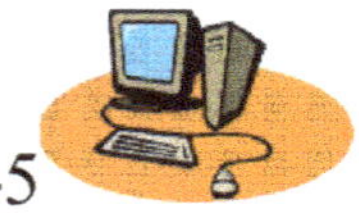

j-5

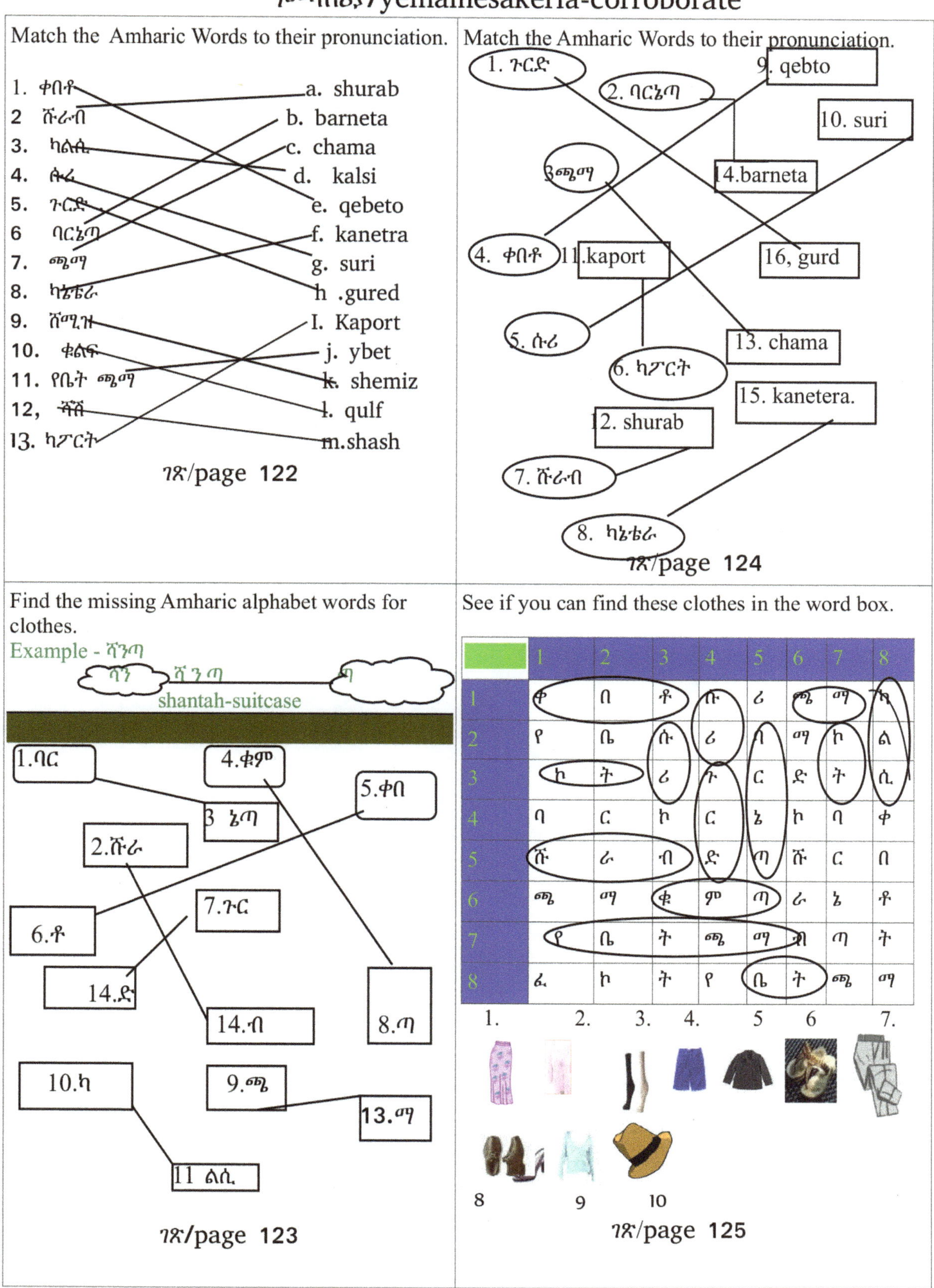

Match the Amharic Words to their pronunciation.
1. ቀበቶ
2 ሹራብ
3. ካልሲ
4. ሱሪ
5. ጉርድ
6 ባርኔጣ
7. ጫማ
8. ካኔቴራ
9. ሸሚዝ
10. ቁልፍ
11. የቤት ጫማ
12, ሻሽ
13. ካፖርት
a. shurab
b. barneta
c. chama
d. kalsi
e. qebeto
f. kanetra
g. suri
h .gured
I. Kaport
j. ybet
k. shemiz
l. qulf
m.shash
ገጽ/page 122

Match the Amharic Words to their pronunciation.
1. ጉርድ
2. ባርኔጣ
9. qebto
10. suri
3ጫማ
4.barneta
4. ቀበቶ
11.kaport
16, gurd
5. ሱሪ
13. chama
6. ካፖርት
15. kanetera.
2. shurab
7. ሹራብ
8. ካኔቴራ
ገጽ/page 124

Find the missing Amharic alphabet words for clothes.
Example - ሻንጣ
ሻን ሻንጣ ጣ
shantah-suitcase
1.ባር
4.ቁም
5.ቀበ
3 ኔጣ
2.ሹራ
7.ጉር
6.ቶ
14.ድ
14.ብ
8.ጣ
10.ካ
9.ጫ
13.ማ
11 ልሲ
ገጽ/page 123

See if you can find these clothes in the word box.
1.   2.   3.   4.   5   6   7.
8   9   10
ገጽ/page 125

Babule is going on vacation, count how many of ach type of clothing she is packing in her suitcase,

Match the Amharic words to English meanings.

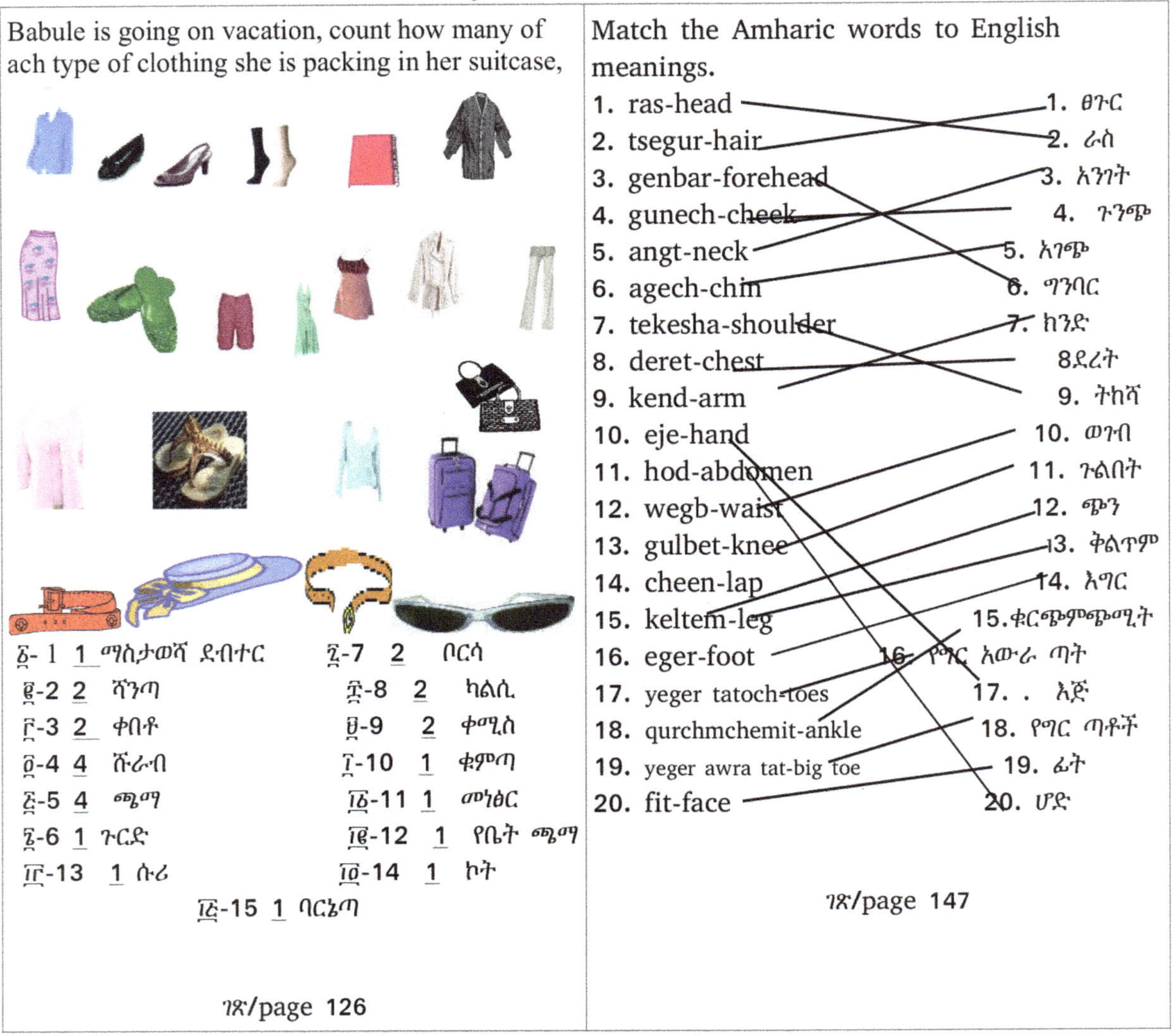

1. ras-head
2. tsegur-hair
3. genbar-forehead
4. gunech-cheek
5. angt-neck
6. agech-chin
7. tekesha-shoulder
8. deret-chest
9. kend-arm
10. eje-hand
11. hod-abdomen
12. wegb-waist
13. gulbet-knee
14. cheen-lap
15. keltem-leg
16. eger-foot
17. yeger tatoch-toes
18. qurchmchemit-ankle
19. yeger awra tat-big toe
20. fit-face

1. ፀጉር
2. ራስ
3. አንገት
4. ጉንጭ
5. አገጭ
6. ግንባር
7. ከንድ
8ደረት
9. ትከሻ
10. ወገብ
11. ጉልበት
12. ጭን
13. ቅልጥም
14. እግር
15.ቁርጭምጭሚት
16. የግር አውራ ጣት
17. . እጅ
18. የግር ጣቶች
19. ፊት
20. ሆድ

ገጽ/page 147

፩- 1 1 ማስታወሻ ደብተር
፪-2 2 ሻንጣ
፫-3 2 ቀበቶ
፬-4 4 ሹራብ
፭-5 4 ጫማ
፮-6 1 ጉርድ
፯-7 2 ቦርሳ
፰-8 2 ካልሲ
፱-9 2 ቀሚስ
፲-10 1 ቁምጣ
፲፩-11 1 መነፅር
፲፪-12 1 የቤት ጫማ
፲፫-13 1 ሱሪ
፲፬-14 1 ኮት
፲፭-15 1 ባርኔጣ

ገጽ/page 126

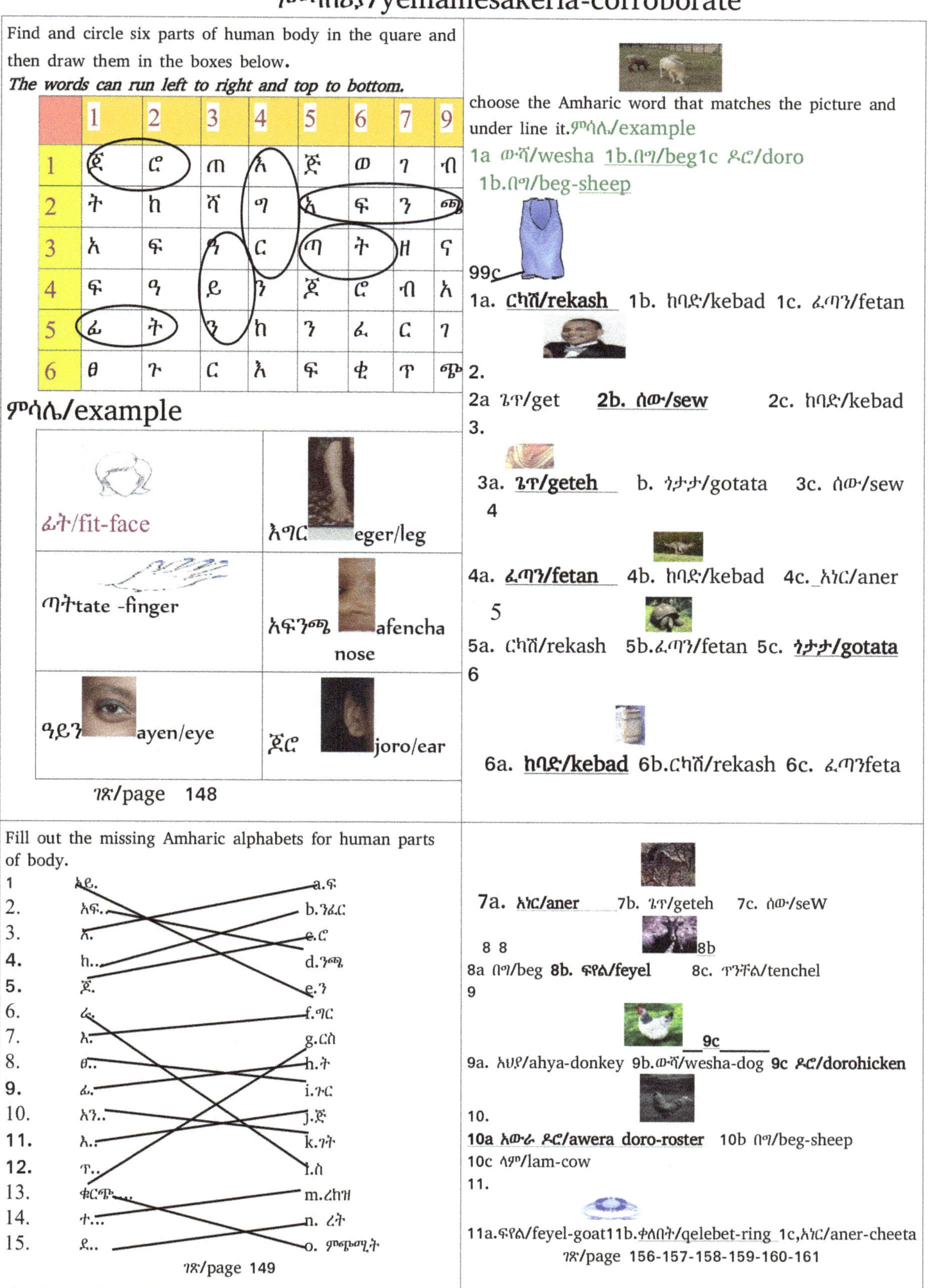

Find and circle six parts of human body in the quare and then draw them in the boxes below.

The words can run left to right and top to bottom.

	1	2	3	4	5	6	7	9
1	፝	ር	ጠ	እ	ጅ	ወ	ገ	ብ
2	ት	ከ	ሻ	ግ	አ	ፍ	ን	ጭ
3	አ	ፍ	ጣ	ር	ጠ	ት	ዘ	ኛ
4	ፍ	ባ	ይ	ኝ	ጅ	ር	ብ	አ
5	ፊ	ት	ን	ከ	ን	ፈ	ር	ገ
6	ፀ	ጉ	ር	እ	ፍ	ቄ	ጥ	ጬ

ምሳሌ/example

ፊት/fit-face	እግር eger/leg
ጣት/tate -finger	አፍንጫ afencha nose
ዓይን ayen/eye	ጆር joro/ear

ገጽ/page 148

choose the Amharic word that matches the picture and under line it. ምሳሌ/example

1a ውሻ/wesha 1b.በግ/beg 1c ዶር/doro

1b.በግ/beg-sheep

99c

1a. ርካሽ/rekash 1b. ከባድ/kebad 1c. ፈጣን/fetan

2.

2a ጌጥ/get **2b. ሰው/sew** 2c. ከባድ/kebad

3.

3a. **ጌጥ/geteh** b. ጎታታ/gotata 3c. ሰው/sew

4

4a. **ፈጣን/fetan** 4b. ከባድ/kebad 4c. አነር/aner

5

5a. ርካሽ/rekash 5b.ፈጣን/fetan 5c. **ጎታታ/gotata**

6

6a. **ከባድ/kebad** 6b.ርካሽ/rekash 6c. ፈጣንfeta

Fill out the missing Amharic alphabets for human parts of body.

1   አይ.   a.ፍ
2.   አፍ..   b.ንፈር
3.   ኢ.   e.ር
4.   h...   d.ንጫ
5.   ጄ.   e.ን
6.   ሬ.   f.ግር
7.   ኢ.   g.ርስ
8.   ፀ..   h.ት
9.   ፊ.   i.ጉር
10. አን..   j.ጄ
11. ኢ.   k.ጋት
12. ጥ..   l.ስ
13. ቄርጭ.. m.ርካዝ
14. ተ...   n. ረት
15. ይ...   o. ምጭማሚት

ገጽ/page 149

7a. አነር/aner 7b. ጌጥ/geteh 7c. ሰው/seW

8 8 8b

8a በግ/beg **8b. ፍየል/feyel** 8c. ጥንቸል/tenchel

9

9c_______

9a. አህያ/ahya-donkey 9b.ውሻ/wesha-dog **9c ዶር/dorohicken**

10.

10a አውራ ዶር/awera doro-roster 10b በግ/beg-sheep

10c ላም/lam-cow

11.

11a.ፍየል/feyel-goat 11b.ቀለበት/qelebet-ring 1c,አነር/aner-cheeta

ገጽ/page 156-157-158-159-160-161

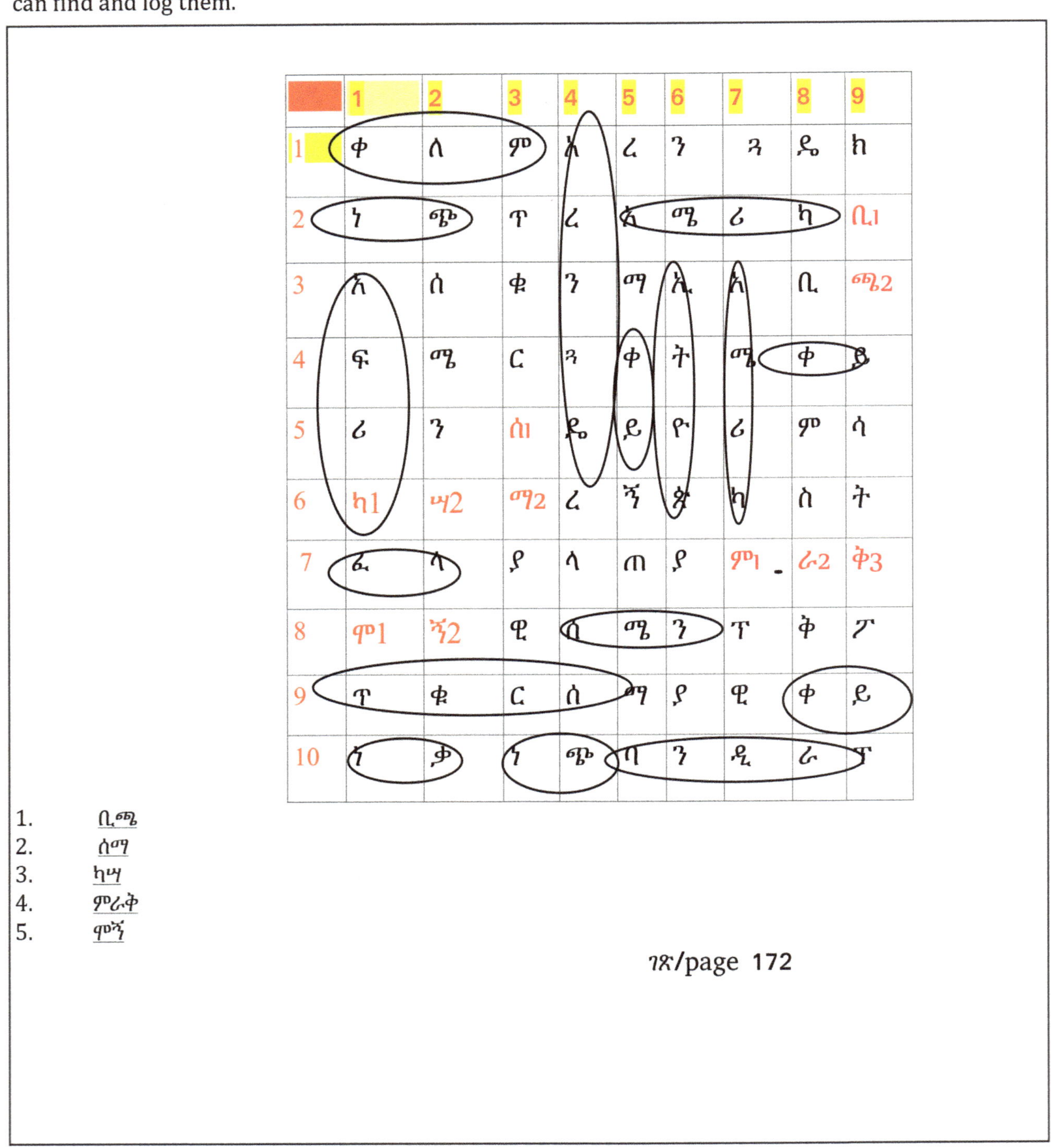

Find the Ethiopian and American Flag-color words in the box below. See how many new words you can find and log them.

1. ቢጫ
2. ሰማ
3. ካሣ
4. ምራቅ
5. ሞኝ

ገጽ/page 172

Who is ESAC??

ESAC is a nonprofit public benefit organization and is established for the community's services of any race without difference. It is organized under the nonprofit public Benefit Corporation Law for welfare and education purposes.

Mission

1. To empower the local Ethiopian community and community at large enhance the educational. Economic, cultural and social wellbeing of community thereby improving the life of the community.

2. In addition, culture, women rights, and health initiatives will be implemented programs to increase the educational standards and identify new goals. Health programs to coordinate initiatives in every aspect of the healthcare delivery system, as well as securing domestic and international volunteers.

3. To advocate issues important to women's right, lanuage, culture and history influence local policy, encourage networking, and assist needy to adapt the American system of life.

The primary objectives

The organization includes providing material, language, culture, educational programs, social assistance and counseling services to immigrant families, elders, children, and youth to help them integrate within a new cultural and socio-economical system of the United States.